# 链接未来

## 迎接区块链与数字资产的新时代

主　编
**许子敬**

**程剑波**
**魏久胜**
**常　浩**
编　著

机械工业出版社
China Machine Press

## 图书在版编目（CIP）数据

链接未来：迎接区块链与数字资产的新时代 / 许子敬主编；程剑波，魏久胜，常浩编著. —北京：机械工业出版社，2018.3

ISBN 978-7-111-58684-5

I. 链… II. ① 许… ② 程… ③ 魏… ④ 常… III. ① 电子商务－支付方式－研究 ② 电子货币－研究 Ⅳ. ① F713.361.3 ② F830.46

中国版本图书馆 CIP 数据核字（2018）第 032552 号

# 链接未来：迎接区块链与数字资产的新时代

出版发行：机械工业出版社（北京市西城区百万庄大街 22 号　邮政编码：100037）

责任编辑：冯小妹

责任校对：殷　虹

印　　刷：北京诚信伟业印刷有限公司

版　　次：2018 年 3 月第 1 版第 1 次印刷

开　　本：147mm × 210mm　1/32

印　　张：8.25

书　　号：ISBN 978-1-111-58684-5

定　　价：55.00 元

凡购本书，如有缺页、倒页、脱页，由本社发行部调换

客服热线：（010）68995261　88361066　　　　投稿热线：（010）88379007

购书热线：（010）68326294　88379649　68995259　　读者信箱：hzjg@hzbook.com

版权所有·侵权必究

封底无防伪标均为盗版　本书法律顾问：北京大成律师事务所　韩光 / 邹晓东

# 前　言
## 要么拥抱颠覆，要么被颠覆

说起区块链，就不得不从比特币说起。2008年，一个化名中本聪的神秘组织发表了比特币的白皮书——《比特币：一种点对点的电子现金系统》。2014年开始，比特币的行情波动让"区块链"这个概念逐渐进入了一部分人的视野。

区块链究竟是什么？一言以蔽之，区块链是一种能够大幅降低商业社会信用成本的技术。区块链作为一个分布式的账簿，其数据一旦记录下来，就是永久保存且不可更改的。过去，当你和一个陌生人进行一个商业行为的时候，你无法百分之百地相信他，他也无法百分之百地相信你，为了解决这个问题，我们不得不需要第三方来做信用背书以证明这个交易的公平性和真实性。但是第三方信用背书就是完全没有问题的吗？有没有可能通过技术的手段，不需要信任第三方，彼此就能达成信任，从而可以直接促成交易？区块链就是为了解决这个问题而生的，通过代码和数字，不可篡改，达成了信任的基础。通俗地说，我想和你做生意，我知道1+1=2，你也同意1+1=2，那我们就有了信任的基础。我们的交易会在全网广播，所有人都来作证，这样不需要第三方，我们就可以完成交易了。这是一个非常了不起的发明！商业社会发展的基石便是信用！而区块链居然大幅地降低了信用的成本。

目前，我在硅谷所认识的大多数人都把注意力集中在了人工智能上，他们认为这是最有前景的技术革命。我也被他们的热情深深感染了！人工智能将颠覆行业，并赋予我们从前只敢在超级科幻小说中想象的能力。诚然，人工智能拥有改变世界的能力，而区块链也可以。一个社会的发展，一方面是生产力的发展，另一方面是生产关系的发展，生产力和生产关系相互作用。在我的认知判断里，以人工智能为代表的新技术，代表着先进的生产力，一定有非常好的前途，可以提升很多工作的效率，而区块链则代表着先进的生产关系，把信用的成本降低到忽略不计，大幅提升了交易的效率。人工智能和区块链的结合，一定是未来最有前途的产业。

有人说，现在区块链数字货币资产涨得这么快，肯定有很多泡沫！"当主流媒体还在忙于猜测加密货币价格及其黑市阴谋时，其遗漏了这一切的本质事实。那就是，密码学家们悄然发明了一套全新的技术原型。"Haseeb Qureshi 在其文章《区块链：一场始料未及的革命（Blockchain: The Revolution We're Not Ready for）》中指出，"区块链将颠覆整个社会，它将使得仅存在于乌托邦和哲学家白日梦中的治理体系得以实现。"文中，他不仅饶有趣味地将区块链技术与20世纪震惊物理学界的弦理论进行了类比，还举出1995～2001年互联网泡沫危机以警醒盲目跟风的投机者。

正如我所提及的，如果你也相信区块链是未来的趋势，那么这个行业还是非常早期的阶段，泡沫也许真的存在，大潮退去才知道谁在裸泳。我坚信，当尘埃清理干净以后，那些兢兢业业的真正想要改变世界的区块链创业者，一定会有所建树。

十年以后，可以预见，区块链+和今日互联网+一样寻常，所有不透明、低效的行业，都会被区块链颠覆；大部分的生活问题都可以被区块链解决，而加密数字货币作为区块链分布式的记账单位与区块链紧密结合，成为一种新型的资产，资产代币化成为一种新的趋势。

朋友们，现在有一个链接未来的机会摆在大家的面前，以往无数次的技术革新告诉我们，要么选择去拥抱颠覆，要么只能被颠覆。

魏久胜

于澳大利亚墨尔本

# 目  录

前言：要么拥抱颠覆，要么被颠覆

## 引言 一个真正信任时代的到来

**信息的发展与区块链的出现**　3
信息传播与商业发展　3
互联网实现信息互联　5
信息传播中的"拜占庭"难题　8

**信用机制的发展与区块链的诞生**　11
信用机制的发展与货币演进　11
账本的发展历程与区块链的出现　15
大到不能倒：中心化的缺陷和弊端　17
区块链技术创造智能信用　20

## 互联网技术创新　22
区块链是技术创新的产物　22
区块链让"消灭一切中介"真正成为可能　24
从信息互联到价值互联　27

# 1 从零开始，认识区块链

## 区块链：去中心化的创举　33
区块链：从"分布式账本"到"分布式数据库"　33
区块链的优势：更安全、更透明、更民主、更可靠　36
区块链之父：中本聪　38
区块链的发展之路：从 1.0 到 3.0　40

## 区块链的共识机制　43
去中心化的共识难题　43
比特币的共识机制：工作量证明　45
POW 的缺陷以及其他共识机制　49

## 区块链的技术基础　51
哈希函数　51
密码学基础　53
数字签名　57
Merkle 树　58
侧链技术　60

## 区块链的几种类型　62
公有区块链　62

联合（行业）区块链　63

私有区块链　64

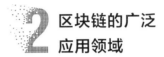

## 区块链的广泛应用领域

### 区块链在金融业的应用　69
区块链打造智能资产，将改变资产管理的方式　69
区块链让跨境支付更经济和有效率　71
区块链大大简化证券清算结算的流程　74
区块链打造更透明的众筹　78

### 区块链让知识产权保护更容易　81
传统知识产权保护面临的三大挑战　81
区块链可瞬间确权，让维权更容易　84
区块链与知识产权的应用实例　87

### 区块链让物联网真正链接万物　91
区块链技术可以作为物联网下的基础设施建设　91
区块链确保物联网信息安全，保护用户隐私　94
从万物互联到万物互信，将人工信任变成机器信任　97
通过去中心化，降低物联网的运营费用　100
区块链 + 物联网应用实例　101

### 区块链在人工智能领域的应用　105
区块链给人工智能提供安全保障　105
区块链解决人工智能的信任问题，且可以降低成本　108
区块链给人工智能领域带来新的机会和可能性　109

区块链 + 人工智能的应用实例　111

**区块链与新零售的结合　114**
区块链为新零售插上翅膀　114
用区块链追溯产品来源，杜绝假货　116
区块链助力供应链改革，根治供应链腐败　118
区块链 + 零售的应用实例　121

**区块链在人力资源领域的应用　126**
区块链 + 人力资源拥有无限发展空间　126
区块链 + 人力资源的应用实例　129

**区块链在广告及传播领域的应用　132**
区块链公司正在试图颠覆全球内容传播乱象　132
区块链让数字广告业更透明　135
应用实例：第一个基于区块链技术的"广告链"　137

**区块链在公共事业领域的应用　138**
区块链将构建全新的社会信用体系，打造契约社会　138
区块链与人工智能结合，构建智慧城市　140
运用区块链构建更民主、更便捷的投票系统　142
区块链创造无边界的身份验证　144
区块链在政府层面的应用实例　146

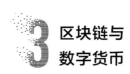

# 3 区块链与数字货币

**传统货币与数字货币　153**
货币发展的历程及数字货币出现的必然性　153

数字货币的优势和发展瓶颈　157
数字货币的发展回顾及现状　161
常见的数字货币简介　163
ICO 的现状：国内全面禁止 ICO　167
数字货币的常见骗局及鉴定方法　172

**比特币**　175
比特币的发展历程　175
比特币的历史价格波动情况　180
比特币的硬分叉现象　183

**新兴竞争币代表：超级现金**　187
超级现金：打破数字货币之间的隔阂　187
超级现金的七大目标　190
超级现金的开发路线图　201
超级现金项目的风险　203

**数字货币产业链**　205
矿机产业的发展及现状　206
层出不穷的各类钱包　208
数字货币的交易方式　209

**政府对加密数字货币的态度**　213
国内对数字货币的态度变化情况　213
对比特币及其他数字货币持谨慎及限制态度的国家　215
对比特币及其他数字货币中立及相对友好的国家　217

# 区块链的技术发展与未来展望

**区块链技术存在的难题** 225
资源消耗的问题 225
处理数据速度和规模的问题 226
51%攻击的问题 227
区块内部的博弈和冲突 231

**区块链最新技术成果** 232
闪电网络 232
超级账本 234
分片技术 234

**区块链与数字资产的未来展望** 236
区块链瓦解数据孤岛,让大数据真正名副其实 236
区块链将共享经济转化为共生生态 240
区块链的热门应用方向 242

# 引 言
## 一个真正信任时代的到来

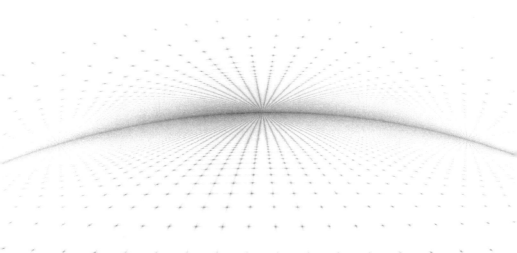

人类社会的进步与信息的发展息息相关,在大众传播时代,信息传播是中心化的,信息掌握在少数人手中。而在"点对点"的信息传播中,人类一直无法解决"共识"的问题,互联网实现了信息互联,却无法解决互信的问题——直到区块链出现,这些问题才有了完美的解决方案。

人类的一切活动都离不开"信用"两个字。数学家邓巴认为,人与人之间点对点的信任,其极限也就是150人。因此,当前人类活动中凡是涉及"信用"的问题,都由一个中心(第三方机构)来做信用背书。但是区块链可以通过算法建立智能信任,它公开透明、成本低、速度快、分布广泛,没有权威可以篡改、伪造记录,意味着一个真正信任时代的到来。

技术的发展都是为了创造更美好的生活,人类历史上一切技术革新,无不带来效率的巨大提升,例如从手工制作到蒸汽机的出现,从马车到汽车再到高铁。区块链也是这样一种技术,它的去中心化,必将影响各行各业,极大地提升效率和降低成本,便捷人们的生活。

# 信息的发展与区块链的出现

文字作为信息的载体，它的出现是人类文明史上的一座伟大的里程碑，它让信息可以被记录、被储存，并在更大的范围更深入地传播。没有信息的传播，就不会造就今天的文明。然而，过去的信息传播都是中心化的。在"点对点"的信息传播中，一直都有两个难解的问题：一是信息传播的一致性问题，二是信息传播中的互信性问题。在区块链出现之前，这两个难题几乎是无解的。

## 信息传播与商业发展

人们到处在谈论信息，我们越来越多地听到信息这个词。例如，"我们现在进入了一个信息化社会""我们正在迈向信息高速公路""这是一个信息爆炸的时代"。

那么，到底什么是信息呢？㊀广义地说，信息就是消息。一切存在都有信息。人的五官生来就是为了感受信息的，它们是信息的接收器，五官所感受到的一切，都是信息。信息的积累和传播，是人类文明进步的基础。

人类社会赖以生存、发展的三大基础，就是物质、能量和信

---

㊀ 1948年，香农发表了信息论，他对信息的定义是："信息是用来消除不确定性的东西"。

息。世界是由物质组成的，能量是一切物质运动的动力，信息是人类了解自然及人类社会的凭据。没有信息传播，就没有交流，物质和能量就无法顺畅、和谐地流动，人类文明就不会有今天的成果。

信息看不见也摸不着，它不同于拿在手上的工具，不同于吃入嘴中的食物。但是人们却越来越意识到信息的重要性。如果把人类发展的历史看作一条轨迹，按照一定的目的向前延伸，那么就会发现它是沿着信息不断膨胀的方向前进的。信息量小、传播效率低的社会，发展速度缓慢；信息量大、传播效率高的社会，发展速度快。信息的爆炸，使人类社会加速度地向前迈进，达到了不可思议的程度。

可以说，让信息更广泛、更快速、更高效、更准确地传播，是人类社会发展的内在需求。人类对信息传播的技术探索从来都没有停止过。

整个人类的进化史，同时也是人类信息传播的发展史。在人类的整个历史发展中，经历了5次巨大的信息变革。每一次信息变革都对人类社会的发展产生巨大的推动力，带来飞跃式的进步。这5次信息革命依次为：语言的诞生、文字的诞生、印刷术的诞生、大众传播和互联网。

人类最早的信息活动，是在记号和信号时代。在这个时代，人类信息传播与动物并无多大区别，主要靠动作、表情或简单的音节来传递信息，协调狩猎活动。

直到语言出现，语言的产生是人类摆脱动物社会状态的决定性一步。语言最初是将声音与周围事物联系起来的符号，后来逐渐提高了抽象能力，成为能够表达复杂意义的音声体系。语言的产生不仅提高了人类传播的效率，而且促进了人类思维能力的发达。

文字的发明是人类社会的一个壮举。口语的传播受到物理空间和时间的限制，不利于流传。文字的产生使人类历代的知识和智慧得到积累和传承，扩大了人类的相互交流。

文字产生后，人类经历了手抄传播阶段。手抄传播规模小，成本高，效率低，印刷术的发明大大降低了信息传播的成本，被誉为四大发明之一。

再后来，随着电磁波等技术的发明，人类进入大众传播时代，报纸、广播、电视、电影的出现，将人类的信息传播推向一个新的高度。

互联网的出现，使信息得以爆炸式传播。

人类物质文明的进步与精神文明的进步，都与信息的传播和发展密切相关。信息的交流和出现促成了商业的出现，因为交易的一个基本前提就是沟通和共识。正因为如此，秦始皇被称为"千古第一帝"，因为他统一了文字和度量衡，给不同地区的人进行经济交往和文化交流提供了便利，这是中国能成为一个统一的多民族国家不可缺少的基本条件。

## 互联网实现信息互联

互联网始于1969年，当时，美军担心自己的军事指挥中心遭受核攻击而陷入瘫痪，于是计划将军事指挥中心一分为四，同时这几个中心之间还可以互相联络。于是，美军在ARPA（阿帕网[一]，美国国防部研究计划署）制定的协定下将美国西南部的大学UCLA（加利福尼亚大学洛杉矶分校）、斯坦福大学研究学院、UCSB（加利福尼亚大学）和犹他州大学的四台主要的计算机连接起来。这个协定由剑桥大学的BBN和MA执行，在1969年12月开始联机。到1970年6月，麻省理工、哈佛大学、BBN和加州圣达莫尼卡系统发展公司加入进来。1983年，美国国防部将阿帕网分为军网和民网，渐渐扩大为今天的互联网。之后有越来越多的公司加入其中。

由于阿帕网无法做到与其他类计算机网络交流，1973年春，文顿·瑟夫和鲍勃·康开始研究如何将阿帕网和另外两个已有的网络相连接，尤其是连接卫星网络（SAT NET）和基于夏威夷的分组业务的ALOHA网（ALOHA NET）。瑟夫设计了新的计算机交流协议，最后被称为传送控制协议／互联网协议（TCP/IP）。

由于TCP/IP体系结构的发展，互联网在20世纪70年代迅速发展起来，到1983年，整个世界普遍采用了这个体系结构。可以说，互联网通过运用TCP/IP协议，实现了信息互联。从此，人类进入了信息爆炸的时代，改变了世界经济格局。

互联网改变了信息传播的方式，在互联网上，人人都可以制造信息、传播信息、接收信息。只要有一部手机，人人都可以是媒体，人类进入了自媒体时代。

信息传播方式的改变，让普通大众也开始有了话语权，让信息交流的渠道变得更短，信息传播的效率更高，人类社会经济的

---

[一] 阿帕网实际上是从1968年开始组建，1969年第一期工程投入使用，最开始只有4个节点。1970年已初具雏形，开始对非军用机构开放。

发展速度也因此超越以往任何一个时代。

但是，人们也感受到一些不足之处。

其一，在互联网上，人们制造虚假信息太容易了，成本也很低，几乎成本为零，因此互联网上出现了大量的虚假信息。

互联网实现了信息互联，却无法解决互信的问题。

人们在互联网上看到一条信息的时候，第一反应往往不是去相信它，而是去验证它。例如，当人们看到一个新商品的介绍时，哪怕再心动，也不敢马上就买，而是先百度出大量信息进行比较分析或者先各方打听下，以验证信息的真实度。

互联网上的互信如此之难，以至于还诞生了"水军""刷单""刷信用"等新生职业。我们可以看到：互联网时代，人类为了达成"互信"，付出了多少努力，花费了多少成本。

有没有一种方法，让互信变得简单？

区块链技术，就是一种从信息互联到价值互联的系统，这一点，我们稍后详细讲解。

其二，互联网上信息很多，这导致垃圾信息也很多。对如何过滤垃圾信息这个命题的探索，可以说在互联网诞生之初就已经存在。发展到现在，人们已经有了包括名单过滤技术、关键词过滤技术、图像过滤技术、模板过滤技术、智能过滤技术等一系列的技术探索。据统计，美国内容过滤软件整个市场每年的营业额达数十亿美元。

区块链诞生过程中的一项重要发明——哈希算法，其初衷就和过滤垃圾信息有关。亚当·贝克发明了哈希算法，其中用到了工作量证明系统。他的本意，是实现电子邮件的可信。发送电子邮件之前，需要运算一个数学题，这样发送大量垃圾邮件就会成本巨大，他用这种方法来过滤垃圾邮件，最后却成了区块链诞生过程中的重要一步。

其三，互联网时代的信息传播，还有一个人们十分关心的问题，就是隐私和安全问题。互联网诞生了一个新词"人肉"，即通过互联网信息去确认一个人的现实身份。

因此，IT大神们对密钥技术的探索从未停止过。在对数字货币的探索过程中，密钥是其中的一个关键技术。区块链也是密钥技术探索下的产物，除了应用于数字货币，它在网络安全方面也有巨大的应用空间。

## 信息传播中的"拜占庭"难题

互联网实现了信息点对点传播，即"去中心化"传播。但是去中心化却存在两个致命的问题，一是一致性问题，二是正确性问题。这就是著名的"拜占庭难题"。

什么是"拜占庭难题"？

我们都知道，过去的信息传递一直都是中心化的。例如，军队会有总指挥部，所有的信息都由总指挥部发出，再层层下达。那么，假如没有这个总指挥部呢？也就是说，假如信息传递是去中心化的呢？会变成什么样子？于是就有了著名的"拜占庭难题"。"拜占庭难题"并不是真实发生的历史事件，它只是科学家的一个假设。㊀具体是这样的：

---

㊀ 由2013年图灵奖获得者莱斯利·兰伯特提出，1982年正式发表。

想象一下，在拜占庭时代有一个强大的城邦，它拥有巨大的财富，它的周围有 10 个城邦，它们都觊觎拜占庭的财富，想要侵略并占领它。

它们各自组织了一支军队，这 10 支军队之间彼此独立、各自为营，且各自派出一个联络员互相联系。在这种情况下，"中心"是不存在的，信息传递可以在任意两支军队之间进行。也就是说，此时的信息传递是"点对点的"。

假设这 10 支军队必须同时进攻才有胜算，那么要做到同时进攻，就必须确保所有的"点对点"信息传递都是正确无误的。但是这一点在实际操作中很难。因为在战争中，要做到信息同步几乎不可能，而且存在"他们当中有叛徒，故意传递错误信息"的可能。

这就是信息传递中的"拜占庭难题"。简单地讲，"拜占庭难题"指的就是去中心化信息传播中的"同步"和"互信"难题。

我们进一步往深处探讨一下"拜占庭难题"：

很显然，这 10 支军队是一个由不互相信任的各方构成的网络，是一个去中心化的网络，但它们又必须一起努力完成共同的使命。它们之间唯一的联络方式就是信使。

如果每个城邦向其他 9 个城邦派出 1 名信使，那么就是 10 个城邦每个派出了 9 名信使，也就是说在任何一个时间有总计 90 次的传输，并且每个城邦分别收到 9 个信息，可能每一个信息都传达着不同的进攻时间。

假设这当中有几个城邦故意同时答应几个不同的进攻时间，或者它们重新向网络发起新的信息，都可能造成攻击时间上的混乱。

现在这个网络里是 10 个人，那么假如是 20 个呢，30 个呢？我们稍加计算就可以发现：随着人数的增加，达成共识的希望会变得越来越渺茫。

把上面例子中的城邦换成计算机网络中的节点，把信使换成节点之间的通信，把进攻时间换成需要达成共识的信息，我们就可以理解"去中心化传播中的共识问题"是一个怎样的难题了。

达成共识对于信息传播的重要性不言而喻。例如，我们在一个去中心化（没有第三方做信用背书）的网络里交易，核实的时候系统告诉你"关于你的上一笔交易情况，我们的系统里有三个版本的记录"，那么这个系统显然是不可信的。在区块链出现之前，去中心化的共识问题是很难被完美解决的，要保证达成共识就必须采取中心化的系统。例如，两个不认识的人在网络上交易，A 付了钱，B 不承认，说自己没收到，A 几乎是一点办法也没有的。在淘宝上交易，因为有了第三方——支付宝的存在，有支付宝做信用背书，交易才能顺利进行。所以我们会发现，在区块链出现之前，我们绝大多数商业行为都是中心化的系统。

# 信用机制的发展与区块链的诞生

一个人能记住多少张脸？数学家邓巴在研究中发现，人与人之间点对点的信任，150人已经是极限，这得到科学界广泛的认同，这个数也被称为"邓巴数"。因此，过去的信任机制一直都是"中心化"的，需要一个中间机构来做信用背书。这不仅影响了效率，增加了成本，还存在中心"大到不能倒"、中心故障会导致系统整体瘫痪等缺陷。区块链的出现，可以在任意两个人之间建立点对点的信任，不需要中心机构的参与，甚至不需要监督。

英国《经济学人》杂志2015年10月份的封面文章《信任的机器：比特币及其背后的区块链技术是如何改变世界的》[⊖]中提到：区块链是一台制造信任的机器，可以说区块链的核心问题就是解决信用共识的问题。

## 信用机制的发展与货币演进

中国是世界上最早使用货币的国家之一。

在原始社会，人们使用以物易物的方式，交换自己所需要的物资，比如一头羊换一把石斧。但是有时候受到用于交换的物资种类的限制，不得不寻找一种能够为交换双方都接受的物品。例如，A想用猪换取B的稻谷，但是B不需要猪，这种情况下就需

---

[⊖] 文章英文名为 *The Trust Machine: How the Technology behind Bitcoin Could Change the World*。文中还提到，区块链本质上是一个可共享的、可信的、每个人都可以检查的公开账本，但是没有任何单一用户能够控制它。

要有一种大家都能接受的物品作为交换物，于是就有了实物货币的出现。最早的实物货币有牲畜、盐、稀有的贝壳、珍稀鸟类羽毛等。

由自然货币向人工货币的演变：在中国的汉字中，凡与价值有关的字，大都从"贝"。由此可见，贝是我国最早的货币。随着商品交换的迅速发展，货币需求量越来越大，海贝已无法满足人们的需求，人们开始用铜仿制海贝。铜贝的出现，是我国古代货币史上由自然货币向人工货币的一次重大演变。随着人工铸币的大量使用，海贝这种自然货币便慢慢退出了中国的货币舞台。

经过长年的淘汰和选择，在绝大多数社会里，金属逐渐取代了其他物品，作为交换中的固定媒介。古希腊哲学家亚里士多德认为，货币必须具有实质价值，这种价值由其金属价值决定，货币的实体必须以贵金属构成。这就是亚里士多德朴素的金属学说。

在这个相当漫长的时间里，我们发现货币的发展始终停留在"价值货币"的层面上，也就是说，货币本身是有其自身价值的。经济学家亚当·斯密在《国富论》⊖中的一段话，可以对这一时期的货币发展史做个总结：

未开化社会，据说曾以牲畜作为商业上的通用媒介。牲畜无疑是极不便的媒介，但我们发现，古代往往以牲畜头数作为交换的评价标准，即用牲畜交换各种物品。荷马曾说：迪奥米德的铠甲，仅值牛九头，而格罗卡斯的铠甲，却值牛一百头。据说，阿

---

⊖ 本书全名为《国民财富的性质和原因的研究》，被誉为"第一部系统的伟大的经济学著作"，亚当·斯密也因此获得了"政治经济学古典学派创立者"的称号。

比西尼亚以盐为商业交换的媒介，印度沿海某些地方以某种贝壳为媒介，弗吉尼亚用烟草，纽芬兰用干鱼丁，英国西印度殖民地用砂糖，其他若干国家则用兽皮或鞣皮。据我所闻，直到今日，苏格兰还有个乡村，用铁钉作媒介，购买麦酒和面包。

金属，尤其是贵金属（黄金白银）作为人类历史上的货币持续了几千年的时间。但是，随着经济的进一步发展，金属货币同样显示出使用上的不便。在大额交易中，金属硬币的重量和体积给人们增添了很多麻烦。而且金属货币在使用的过程中会有磨损，这几乎是不可避免的。

于是出现了纸币。据调查，世界上最早的纸币出现在我国宋朝年间的四川地区，这种纸币在当时被人们称作"交子"。

发展到纸币的时候，我们会发现：这个时候的货币本身已经没有任何的价值，它只是一种价值的符号。

但是人们为什么愿意接受它呢？为什么愿意用自己的大米、猪、牛、羊、衣服等有实际价值的东西，去交换一张自身没有任何价值的纸币呢？这就是信用的问题。

当解决了信用问题，货币就可以完成从"价值货币"到"记账货币"的转变。

什么是"记账货币"呢？要理解这个问题，我们先看一个案例。

1899~1919年，加罗林群岛中的雅普岛上住着一群雅普岛人（有5000~6000人），以石轮作货币，也就是被他们称为"费"的一种媒介。为什么选择石头作为货币呢？因为这个岛不出产金属，这些石头硬币，最初是由一些敢于冒险的当地探险人，在离雅普岛 400 里[1]远的另一个岛上找到的石灰岩石打制而成的。这些打制而成的石轮，直径从 1 码[2]到 12 码不等，中间有一个孔，货币的价值随着石轮的大小而不同。

有趣的是，由于这些石头大而重，搬动不方便，因此在交易过程中，交易的双方并不把对方的石币搬回自己家里，石币的所有者会很乐意将石币留在原地，只是在石头上记记账就可以了。

据说，岛上某家人曾经试图运回一个体积巨大且价值非凡的"费"，但是却在靠岸时沉入海底。尽管如此，当地人还是觉得他们拥有那块"费"，这家人仍然被认为是岛上最富有的人。

更有意思的是，当时该岛属于德国的殖民地，岛上居民最初不愿意为德国人修路，德国人的对策是向抗拒命令的地方首领征收罚金。但是怎么征收呢？毕竟那些石币对德国人一点用都没有，也不好搬动。聪明的德国人想了一个办法，他们派人到首领堆放石币的地方，在这些石头上画黑色的十字，表示被政府没收了。该办法非常奏效，道路很快就修好了。

在这个案例中，我们会发现：货币本身并不需要有价值，这个时候货币的定义是：大家基于信用共识普遍接受的交易媒介。只要达成了信用共识，石头就变得有价值了，可以成为货币，货币是信用的凭证。换句话说，雅普岛人对货币的认知是：大家对所有权利（那块海底的石头）的确认。

为什么人们愿意拿有实际价值的物品，去交换自身没有任何价值的纸币？其实就是信用共识的问题，纸币天然地把货币的实

---

[1] 1 里 = 500 米。
[2] 1 码 = 0.914 4 米。

用价值降到最低，同时纸币天然地带有信用的色彩，即一种被信任的能力。

为什么人们对纸币能够达成信用共识呢？其实是因为有个"中心"（国家）的存在，人们相信国家，相信政府，所以相信它印刷的纸币。

纵观整个货币发展史，我们不难发现，人类的货币发展史，实际上也是人类对信用机制探索的过程。

再延伸下，不只是货币，人类社会的方方面面，无论是商业还是生活，其实都有"信用"的难题存在，如果不能解决信用问题，人类将寸步难行。目前，商业社会中各个领域的信用机制都是"中心化"的，所以有各种中介的存在。例如，人们怕对方借钱不还，所以出现了担保人和担保公司；人们网购怕付了钱对方不认，所以有"支付宝"；人们在交易房屋等贵重物品时，怕双方赖账，所以会让房地产中介充当中间人，起到监督的作用……有了这些中介还不够，仍然会出现各种各样的纠纷，所以还有公证处、仲裁中心、法院等机构。

有没有一种方法，能够在去中心化的前提下（没有第三方监管），让两个完全不认识的人之间达成互信？区块链就是在解决这个难题的过程中诞生的。它创造了智能信用，对人类意义非凡。关于智能信用，我们在后面再详细讲。

## 账本的发展历程与区块链的出现

前面我们讲到了记账货币，人们最早对区块链的定义就是"分布式账本"，那么，我们不妨从记账方式的变化历程来探寻一下区块链为什么会诞生，这一技术为何会引起那么大的社会反响。

在遥远的旧石器时代，人们记账全凭智商和记忆力，今天打猎有哪些收获，吃了多少东西，还剩多少东西，全凭心算和记忆在脑海里。

后来，由于生产力的提高，东西出现了剩余，部落里的经济活动变得复杂，交易也频繁了起来，这个时候光靠脑袋计数已经不行了。于是，人们发明了符号和绘图的方法来记账。

在古代是没有纸的，画符号和画图非常占地方，而且操作起来也不是那么方便。因为图画的寓意远没有文字那么明确和具体，不同的人可能会有不同的理解，所以图画只能进行一些最简单的记账。

紧接着，人们发明了"结绳记事"。如果说图画记账只能进行一些最简单的记录，那么结绳记事就丰富多了，它对记录对象、数量变化、最终结果都有明确的表现方式，已经表现出账本的一些基本特征，可以当成账本的起源。

到了原始社会末期，文字出现，这个时候人们开始用文字将收支事项按照时间发展的顺序记录，也就是人们通常所说的"流水账"。随着这种"流水账"的发展，形成了"单式记账法"，即对每笔业务只在一个账户中进行记录的方法，单式记账法的缺点就是账户设置不完整，账户之间缺乏对应关系。

再后来出现了复式记账法，西方的复式记账法出现于12~13世纪，中国的复式记账法起源于明末清初的龙门账。复式记账法是对每笔经济业务，都必须以相等的金额，同时在两个或两个以上的账户中相互联系地进行登记，借以反映资金来龙去脉的一种记账方法。

复式记账法不仅可以核算经营成本，还可以分化出利润和成本。

无论是结绳记事，还是单式记账法，或是复式记账法，由于账本往往是由某一个人记的（过去的账房先生，今天的会计），因此互信的问题始终存在，无论是在古代还是现代，因为记账的人贪污而造成的经济纷争或者经济案件一直都是屡见不鲜的。更何况由于账本可以涂改或随意删减，就更增加了互信的难度。

再后来，到了19世纪，工业革命导致商业迅猛发展，交易量进一步扩大，尤其是后来西方经理人制度的出现，使得企业的所有者和经营者不是同一个人，企业的股东可以把公司交给专业的经理人来打理。但是这当中互信的问题就来了：账是经理人做的，报给股东；股东不放心，心想，万一经理人做假账中饱私囊怎么办？这个时候他会请一个中间人对账，会计师事务所于是便出现了。

而到了现在，由于互联网的出现，记账发展到了电算化的阶段。

但是，在记账方式发展的任何一个阶段，互信的难题都一直存在，哪怕到了今天，有了专业第三方机构——会计师事务所，互信问题依然不能完全消除。例如，万一会计师事务所中的某个员工出现道德问题，给出的账目不可靠呢？

区块链则给了人们一个新的选择，它完美地解决了记账过程中的互信难题。由于它是一个去中心化的分布式的账本，且不可篡改，因此可以在不需要任何第三方参与的前提下达成互信。

## 大到不能倒：中心化的缺陷和弊端

过去，人类的信用机制一直都是"中心化"的，由一个大型机构(权威机构)做信用背书。例如在淘宝网上,任意两个人之间都难以产生互信,因此需要第三方——支付宝做信任背书,没有这个第三方,交易就无法进行。

但是这当中,就存在一个问题:假如这个中心出现故障呢?或者再严重一点,这个中心本身不可靠呢?

这样的例子在现实生活中确实出现过:

2015年5月27日下午,国内最大的网上支付平台——支付宝出现了大规模瘫痪,对于此次超过两个小时的故障,支付宝方面回应称,"由于杭州市萧山区某地光纤被挖断,目前少部分用户无法使用支付宝。"

有网友调侃:"再牛的公司,都干不过蓝翔技校的挖掘机……"

再例如:

2015年5月28日上午,据多名用户反映,携程网官网及移动App陷入瘫痪状态,页面无法打开。对此,携程方面回应称,5月28日上午11:09,因携程部分遭到不明攻击,导致官方网站及App暂时无法正常使用,正在紧急恢复。

我们会发现,在中心化的系统里,所有的信息都由一台主机(中心)来操控,一旦这个中心本身出现故障,商业活动就面临瘫痪。

更严重的是:万一中心本身不可靠呢?

中心本身不可靠在人类历史上最典型的就是战乱年代和政权更迭时期,由于政府的信用背书失去其权威性,百姓不相信这个中心了,纸币严重贬值,人们不得不再次回到金属货币乃至物物交换的层面。

再例如近几年的互联网金融倒闭潮，为了达成借贷双方的互信，往往会引入一个第三方机构——担保公司，还有一些第三方监管机构的参与。但是由于监管中的漏洞，再加上担保公司本身的不可靠（违规做超出自身能力的担保或者没有能力代偿），最后债权方的钱收不回，由此引发了一系列的矛盾纠纷甚至引发一些社会问题。

在"中心化"的信用机制下，还存在着"大到不能倒"的难题。

2011年9月17日，上千名示威者聚集在美国纽约曼哈顿，试图占领华尔街。他们通过互联网组织起来，抗议人数不断增加，抗议活动不断升级，成为席卷全美的群众性社会运动，史称"占领华尔街"㊀。

而出现这次大规模的抗议运动，是由于2008年的金融危机。华尔街因自身不负责任的行为酿成国际金融危机，但是它"大到不能倒"，例如这些金融机构管理着美国一大半养老金，一旦倒闭，可能会引发社会动乱。在这种情况下，美国政府只能用纳税人的钱去给这些金融机构补血、填窟窿。这些华尔街的高管们则依然穿着光鲜亮丽，拿着高薪水，引发民众严重不满。

金融危机过去，华尔街已恢复元气，但是这些金融机构早已忘了它们是用纳税人的钱渡过难关的，不仅热衷于内部分红和享受，华尔街大银行还要向消费者收取更高的账户费用，终于引发了这次群众性运动。

---

㊀ "占领华尔街"持续时间长达4个多月，其根源是贫富差距问题，人们对大型金融机构的不满只是一个导火索。

"大到不能倒"的问题在很多国家都存在过,例如英国在金融危机爆发时,也通过印钞票借给银行的方式来对银行进行救助。

查看一下区块链诞生的时间——比特币的第一个创世区块诞生于 2009 年 1 月,跟金融危机发生的时间高度吻合。因此,有观点认为中本聪发明比特币是要反抗这种"大到不能倒"的流氓行为是有一定的依据的。

## 区块链技术创造智能信用

信用、信任对人类社会有多重要,答案是不言而喻的。很多时候,商业活动中的一切曲折和难题,都是信任的问题,而其中无数的低效行为和资源浪费,也都是为了解决信任的难题。

### 一个人能记住多少张脸

有一个人类学家,他研究部落的时候,发现每一个部落都控制在 150 人左右。因为人再多一些的话,就记不住了,记不住脸就感受不到亲近,连亲近都没有,信任就更无从谈起了,没有信任,部落之间的战斗和争端就永远不会停止。

人与人之间点对点的信任,其极限也就是 150 人——这个理论由数学家邓巴提出,也称邓巴数。

虽然这个世界上有一些人,他们的社交范围特别广,但总体来说,一旦一个群体的人数超过 150 人,成员之间的关系就开始淡化。邓巴写道:"150 人似乎是我们能够建立社交关系的人数上限,在这种关系中,我们了解他们是谁,也了解他们与我们自己的关系。"

一个人能够信任的人是非常有限的。所以,在过去的经济活动中,第三方信任背书是必不可少的。

## 区块链创造智能信任

区块链可以通过算法建立智能信任——机器和机器间的信任,从而创造一种全新的信用共识机制,不需要第三方参与。

区块链全面颠覆了过去的那一套信任机制:用技术信任取代权威中心和情感信任,以此建立一种网络结构,所有人都可以参与成为无数节点之一,进行认证、确权、交易、追溯和调整等一系列动作。它公开透明,成本低,速度快,分布广泛,没有权威可以篡改、伪造、取缔记录。简而言之,区块链体系下的信任机制,不再是人与人之间的信任,而是机器与机器之间的信任,这就是智能信任。更确切地讲,区块链是用代码构建的信任,在区块链的系统里,"代码即法律"⊖。

---

⊖ 《区块链:比特币底层技术如何改变货币、商业和世界》一书对"机器信任"做了如下描述:诚信被编码到流程的每一个环节中,它是分布式的,而不依赖于任何一个成员,参与者能够直接进行价值交换并可以期望另一方以诚信的方式行事。

# 互联网技术创新

技术的发展，都是为了创造更美好的人类生活。

互联网的出现，带给我们多少不可思议的便捷性和惊喜。

然而，人们还是感觉到了一些不足之处：互联网上信息爆炸，却难辨真伪；互联网上的信息很容易泄露，导致人们对互联网安全的担忧；互联网减少了很多中间环节，极大地提升了商业活动的效率并降低了成本，但互联网的"去中介化"还不够彻底！

区块链的出现，让一切信息可永久保存、可追溯且不可篡改，让造假的成本变得无比高昂。区块链的匿名性可以保护隐私，区块链让"消灭一切中介"真正成为可能，区块链还将带来从信息互联网到价值互联网的伟大转变。

## 区块链是技术创新的产物

从互联网到移动互联，我们可以清楚地看到技术创新是如何服务商业社会的。

信息的互联以及由此带来的技术创新，造就了网络化社交软件的诞生。当 QQ 问世时，多少人感到欣喜和不可思议：我们可以在同一时间跟五湖四海的陌生人交流，这在网络问世之前是不可想象的。

电商发展起来后，人们渴望能够看到其他消费者对商品的评价，技术的创新实现了人们的想象，并且颠覆了过去的商业模式：以前商家重广告，现在则重口碑。

当我们感受到互联网带来的种种便利时，人们开始想象：能否把这网络随身携带，不用坐在电脑前也能感受到网络带来的种种便利？安卓技术的出现使之变成了现实。移动互联网给人类生活带来了前所未有的便利，也带来了商业格局的再次颠覆。

……

区块链也同样是技术创新的产物。

首先，互联网上信息爆炸，却难以辨别真伪，以至于人们有了对信息溯源的诉求。如何让信息能够不被篡改并且可以溯源？对于这一领域的技术探索从未停止过，区块链则让它成为现实。

其次，互联网上我们的信息很容易被一些平台收集、获取乃至贩卖，还有大量的网络黑客存在，可以说，人们对互联网安全的忧虑从未停止过。因此，对密钥技术的探索，可以说从互联网诞生之初就开始了，而区块链，实际上也是密钥技术发展的产物。

最后，最重要的，我们的一切商业活动都处在中心化的网络下。不仅需要消耗大量的中间成本，还会影响效率，最可怕的是一旦中心本身不可靠，带来的后果将非常严重！商业社会一直都有去中心化的构想，互联网的出现对商业的一个最基本的颠覆就是：中间环节越来越少，渠道越来越短，"消灭一切中介"的口号一直在喊，区块链通过技术的创新在"去中心化"的道路上又前进了一大步，它是意义深远且具有颠覆性的。

## 区块链让"消灭一切中介"真正成为可能

我们当前的大部分商业活动都是中心化的，细数一下，几乎各行各业都有中介的存在。尤其是在各种金融活动中，如股权变更。在类似房地产这样的大宗交易中，以及结婚、毕业登记等重要的事项中，一个中间人（中介、监督人、证明人等）是不可缺少的，这个中间人往往还承担着信用中介的职能，必须具备权威性。因此正如我们上文所讲，往往是大到不能倒，因为一旦中心本身不可靠，带来的后果是极其严重的。

互联网在出现之初就提出了消灭一切中介的口号，但实际上，互联网只是信息共享，起到了缩短中间环节的作用，并且把一部分中介搬到了互联网上，并没有真正"消灭中介"。传统的互联网技术也不可能真正做到消灭中介，因为互联网无法制造信用，信用共识永远都是最大的障碍。

以近几年很火爆的"互联网金融"为例，互联网金融之所以问题频发，就是因为大部分的互联网金融平台只能起到"信息中介"的作用，却在实际上承担了"信用中介"的职能，而绝大多数平台的信用值和实力根本不足以担当此重任，因此出现问题是必然的。为了解决这一问题，让互联网金融能够健康发展，行业和政府都想到了各种方法，但根本上，所有方法的出发点只有一个：找到一个更可靠的"中心"来作为"信用中介"。资金托管也好，政府部门监督也好，都是为了让无序的互联网金融行业能够"中心化"，其争议只是在于到底由谁来担当这个"中心"。

例如，我们在网上交易，两个陌生人之间如何达成互信？必须有一个强大的中心来承担"信用中介"的职能,否则交易无法达成。支付宝就是这样一个中介:我们买 A 的物品,钱不是打到 A 的账户上,而是打到支付宝账户上,当我们确认收货后,支付宝再把钱返给 A。这样就保证了交易的安全。但是这当中也存在一些问题:首先,中心太重要了,大到不能倒,哪怕是主机出现一点故障都会导致交易无法正常进行;其次,钱需要隔很长一段时间才能打给 A。

有没有更好的方法能够解决由"信任危机"所引发的一系列的麻烦?区块链技术为我们提供了另一种可能:由技术信任(智能信任)取代人工信任,可以在不需要任何中心的前提下实现互信。

区块链最终不仅会颠覆传统的金融系统,还会颠覆人们记录股票、合同、产权证、专利和结婚证的方式。换句话说,基本上就是所有需要一个值得信赖的中间人进行确认的事宜,因为区块链的参与,这个中间人将不再需要。

目前,关于区块链的融资项目越来越多。为什么风投这么看好区块链领域的投资?一个重要的原因就是它的去中心化。科斯拉创投的一位合伙人曾经这样说:"公司的投资是基于这样的信念——区块链会改变社会对交易的观念,无论是金融,还是其他交易。只要有经纪人的领域,只要是需要专家来证明某样东西有效性的地方,都有可能用区块链绕过去。"

PeerNova 公司首席执行官纳维德·沙瓦尼说:"我们整个合同系统的基础是一个可信赖第三方。但是有了区块链,第三方就没必要存在了。"㊀

---

㊀ 最早出自《纽约时报》的一篇文章《区块链有望消灭一切中间人》(*Data Security is Becoming the Sparkle in Bitcoin*),方小华译。http://www.8btc.com/the-sparkle-in-bitcoin。

以房地产交易为例：

传统上，一桩典型的居住地产买卖要涉及很多相关人士，交易非常复杂：土地登记处、买方和卖方、抵押贷款提供者（通常是银行）、抵押贷款调查人员和房地产经纪人。在传统的交易中，这个过程中可能出现不必要的拖延，因为不同的利益相关者需要知道，在每一个阶段，交易当中的哪一方需要做些什么，才能继续推进。同时，无论是买方还是卖方，都严重依赖中介。

英国主管土地所有权登记的政府机构——英国皇家土地登记处日前宣布，开始尝试利用区块链技术进行英国房产登记注册的项目。

一旦有了区块链的参与，这个过程就可以透明化，增加各方的信任，减少官僚作风。自动执行合同（或"智能合同"），区块链技术可以保证已经完成所有必需的步骤之后，款项才开始转移或所有权才会转移。区块链的分布性使交易中任何一方不再依赖唯一的"真相来源"（中介），增加各方的信任，降低成本，加速交易。

不难想象，如果买卖双方能够更清楚地看到和批准对方的举动，中间商就不再是唯一的掌握关键信息的人，一些中介角色就会减少甚至消失。

除了商业交易，区块链还可以应用于生活中的其他领域。举一个例子：

通常人们结婚要举行一个婚礼，在婚礼上双方说出誓言，亲朋好友都是证明人，婚礼上还有一个证婚人。

一对名为蒙德鲁斯·戴和乔伊斯·巴约的夫妇可能是第一对用比特币来纪念彼此结合的夫妇。他们当着大约50位客人的面，利用一台比特币自动柜员机记录下了自己的书面婚誓。他们的誓言将会保存在区块链里，也就是一个可以永久存储信息的开放账簿里。

在这个案例里，区块链技术可以承担证婚人的角色，人们可以把结婚数据储存在区块链里，以一种只能回顾却无法修改的方式储存起来。

尽管目前关于区块链的相关应用还在探索之中，但是我们不难想象，一旦区块链的去中心化能在各个领域全面开花，其对整个世界将会带来多么大的改变，"智能信任"将给人类生活带来怎样的便利。

## 从信息互联到价值互联

在互联网上，可以快速地将信息复制粘贴到任何一个地方，可以实现信息的高速传播，但无法实现价值转移。

什么是价值转移呢？简单地说，我们要将某一部分价值从 A 地址转移到 B 地址，那么就需要 A 地址明确地减少这部分价值，B 地址明确地增加这部分价值。这个操作必须同时得到 A 和 B 的认可，结果还不能受到 A 和 B 任何一方的操控，目前的互联网协议是不能支持这个动作的，因此，价值转移需要第三方背书。

例如，在互联网上 A 的钱转移到 B，往往需要第三方机构（网银、支付宝等）的信用背书。

而区块链是指分布式数据存储、点对点传输、共识机制、加密算法等一些基础性计算机技术的集合。利用这种技术，人们无需可信第三方,就能完成信息交换,还能确保所交换信息的完整。

2017年6月28日,在辽宁大连举办的夏季达沃斯论坛上,世界经济论坛发布了《实现区块链的潜力的白皮书》。这份长达46页的英文PDF报告指出,区块链技术能够催生新的机会,促进社会价值的创造与交易,使互联网从信息互联网向价值互联网转变。㊀

有专家认为,区块链可以被称为继PC、互联网、社交网络、智能手机之后的第五次计算机革命。它有两个特性不容忽视:一是去中心化,在人与人、点与点、端与端不认识的时候,通过区块链技术可以建立信任,节约成本,提高效率。二是区块链不会被伪造,信息高度透明,而且可溯源。

例如,以前人们要登记自己的资产如房产,需要到房产部门去;即便是通过网络房产中介交易,一些关键步骤也需要在线下进行,还需要第三方机构做信用背书。然而,随着区块链技术的应用,资产可以在互联网上以数字形式存在,并可以安全有效、低成本地进行交易转移,不必再担心出现一房多卖、金融欺诈等行为。

互联网的出现可以做很多事,包括网购、众筹、金融活动、慈善(例如轻松筹)等,但每一件事背后都会出现不和谐的声音,主要就是信任的问题。

而区块链技术是加密的,是透明的,是公开的。它把每一笔数据,每一笔转进去的钱加密,每一笔钱都有独特的标识,可以溯源,这就是给慈善事业带来的公信力。例如,蚂蚁金服已经开

---

㊀ http://www.useit.com.cn/thread-15815-1-1.html.

始将区块链技术应用在公益项目，让每一笔公益捐款"从哪里来、到哪里去"的整个流程都记录清楚。

区块链可以降低信用的成本，让价值可以在互联网上更高效地实现转移。

互联网上无法进行价值转移，还存在另一个问题——双重支付的问题，即"双花问题"。

举个简单的例子：我们可以把一封邮件、一张照片、一份文件等在互联网上传输给任何一个人，对方可以收到，但是这些文件在我们自己的账号里依然存在，除非自己主动销毁，否则是不会消失的。因此互联网可以用来传递信息，却无法传递价值，因为传递价值需要确切地让价值从 A 的账户转移到 B 的账户，它不能同时存在于两个人的账户中，否则就会形成"双重支付的问题"。传统解决这个问题的方法是采用一个中心化的机构（如银行、支付宝等）来进行清算。

但是区块链可以通过给一个数字货币加上不可更改的时间戳，来避免重复花费这个币，同时，区块链是开放式的，所有的交易都是公开的，追踪十分容易。

区块链通过技术手段解决了"双花问题"，不需要借助中心化机构来进行清算，在区块链系统内可以直接进行价值转移。

在信息互联网时代有一个很大的特征，就是所有的信息停留于最末端的营销，并没有深入到产业中去。但是有了区块链，进入价值互联网时代，那么各种信息和数据就可以运用到行业中去，用技术的手段，让各个行业真正互联，这当中的价值和潜力是难以估计的。

# 1

## 从零开始,认识区块链

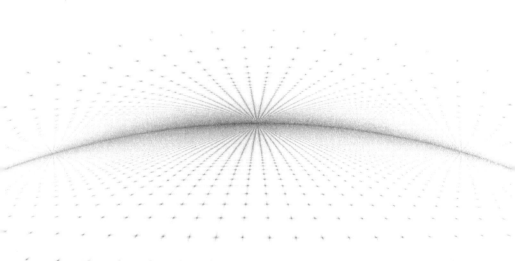

我们可以把区块链看成是一个分布式的总账本,而每一个区块相当于这个总账本中的一页。它通过算法解决了"点对点传输"中的"共识机制"问题,实现了"点对点数据传输"的去中心化。此外,它还具有开放性、自治性、数据不可篡改、可追溯性、匿名性的优势。

区块链技术的发展分三个阶段或领域:区块链1.0、2.0和3.0。㊀区块链1.0对应的是货币,区块链2.0对应的是智能合约,区块链3.0则延伸到一切领域。

区块链是通过"共识机制"来达成共识的,比特币的共识机制为PoW,即"工作量证明",区块链是比特币的底层技术。

---

㊀ 区块链1.0、2.0、3.0的概念由美国区块链科学研究所创始人梅兰妮·斯万在他的《区块链:新经济蓝图及导读》一书中首次提出,后被业内广泛使用。

# 区块链：去中心化的创举

在区块链诞生之前，人类的记账方式一直都是"中心化的"。区块链则颠覆了这个传统，它让系统里的每个用户都参与竞争记账，系统会从竞争者中找到记账最快、最好的那个用户，来形成新的区块。在区块链系统里，每个节点的权利是一样的，任意节点被摧毁都不会影响整个系统的安全，也不会造成数据丢失，这种"去中心化的"记账是更安全、更高效的一种记账方法。它能够在不需要任何中心机构做信用背书的情况下运行，甚至不需要监督。

## 区块链：从"分布式账本"到"分布式数据库"

在区块链刚刚诞生的时候，也就是区块链 1.0 时代，区块链的定义就是"分布式账本"，即一种去中心化的记账方式。

如何理解？首先我们简单介绍下什么是"中心化记账"。

举个例子：支付宝的数据库就像一个大账本，上面记录了 A 有多少钱，B 有多少钱。如果 A 用户支付了一笔钱给 B 用户，那么支付宝就在 B 用户上加上那笔钱，从 A 的账户里减掉那笔钱。A 和 B 自身是不参与记账的，记账行为全部由一个中心——支付宝负责处理，这是传统的"中心式记账"。

但是区块链则颠覆了这个传统，它让系统里的每个用户都参与竞争记账。在某个时间段内，系统会从竞争者中找出记账最快、最好的用户，相当于这个用户创造了一个新的区块，该用户会把这段时间内的所有交易（数据变化）写到区块中，并复制备份给其他用户。如此周而复始，从而不断形成新的数据（也就是区块）。由于每个区块数据都是通过密码学技术链接在一起的，所以将它称为"区块链"。

更简单一点理解：我们可以把区块链看成是一个总账本，而每一个区块相当于这个总账本中的一页。

为了帮助大家更好地理解区块链，我们引入一个"节点"的概念。

什么是节点？

在区块链系统中，负责记账的是计算机，因此我们可以把参与记账的每一台计算机称为一个节点。

从上述介绍中，我们可以看出：

（1）在区块链系统中，每个节点（通常是指计算机）都有一个完整的账本副本，因此所有交易数据系统中的人都可以看到。

（2）每个节点的权利是一样的，任意节点被摧毁都不会影响整个系统的安全，也不会造成数据丢失。其在整个系统中的权重都是一致的。系统每次都在链入这个系统的节点中选择记账者，于是，即使某个或者部分节点被摧毁、死机，也不会影响整个系统的运作。

（3）每个节点的账本数据都是一模一样的，也就意味着单个节点的数据篡改是没有任何意义的。因为如果系统发现两个账本对不上，它就认为拥有相同账本数量相对较多的节点的版本才是真实的数据版本。那些少部分不一致的节点账本不是真实的，而是被篡改的账本。系统会自动舍弃这部分认为被篡改过的账本，除非能够控制整个系统中的大部分节点。也就是通常所说的51%攻击，才能发动对账本数据的更改。

而现在，人们对区块链的定义进行了延伸：区块链不仅可以记账，还可以记录一切数据。因此，对区块链的定义也由最开始的"分布式账本"变成了现在的"分布式数据库"。

有位业内人士在自己的论文中对区块链给出了一个更详细具体的定义：区块链是分布式数据存储、点对点传输、共识机制、加密算法等计算机技术的新型应用模式。狭义区块链是按照时间顺序，将数据区块以顺序相连的方式组合成链式数据结构，并以密码学方式保证不可篡改和不可伪造的分布式账本。广义区块链技术是利用链式数据结构验证与存储数据，利用分布式节点共识算法生成和更新数据，利用密码学的方式保证数据传输和访问的安全，利用由自动化脚本代码组成的智能合约，编程和操作数据的全新的分布式基础架构与计算范式。㊀

（1）区块链是一个点对点传输的分布式数据库。

（2）区块链采用密码学的方法来保证已有数据不可能被篡改。

（3）区块链采用共识机制来对新增数据达成共识。

前两点很容易理解，关于共识机制，这是区块链的核心理论，我们将在下一节详细讲解。

---

㊀ 杨熳.基于区块链技术的会计模式浅探 [J] 新会计，2017(9)。

## 区块链的优势：更安全、更透明、更民主、更可靠

有人将区块链技术称为继 PC、互联网、社交网络、智能手机之后的第五次计算机革命。那么，区块链技术到底有哪些独特之处呢？它的优点何在？

### 去中心化

去中心化是区块链技术的颠覆性特点，由于使用分布式核算和存储，不存在中心化的硬件或管理机构，任意节点的权利和义务都是均等的，系统中的数据块由整个系统中具有维护功能的节点来共同维护。

它无需中心化代理，实现了一种点对点的直接交互，使得整个交易自主化、简单化，并且排除了被中心化代理控制的风险。

### 开放性

区块链是一个开放性的系统，除了交易各方的私有信息被加密外，区块链的数据对所有人公开，任何人都可以通过公开的接口查询区块链数据和开发相关应用，因此整个系统信息高度透明。

例如，在比特币区块链里，只要下载比特币软件，任何人都可以进入区块链进行搜索，也可以提交交易。

### 自治性

区块链采用基于协商一致的规范和协议（比如一套公开透明的算法），使得整个系统中的所有节点能够在去信任的环境自由安全

地交换数据。这个时候，对机器的信任取代了对"人"的信任，任何人为的干预都不起作用。

## 信息不可篡改

为了解释区块链的"信息不可篡改性"，我们引入一个"时间戳"的概念。

什么是"时间戳"？

在电子商务交易文件中，时间是十分重要的信息，例如签合同时一定要注明时间且不可篡改。而数字时间戳正是提供这样一种服务的技术。

过去，时间戳服务都是由第三方认证机构来完成的。

时间戳包括三个部分：需要时间戳的文件的摘要（digest），第三方机构收到文件的日期和时间，第三方机构的数字签名。

一般来说，时间戳产生的过程为：用户首先将需要加时间戳的文件用哈希编码加密形成摘要，然后将该摘要发送到第三方认证机构，该机构在加入了收到文件摘要的日期和时间信息后再对该文件加密（数字签名），然后送回用户。

书面签署文件的时间是由签署人自己写上的，而数字时间戳则不然，它是由认证机构来加的，以该机构收到文件的时间为依据。

简单地讲，时间戳类似于我们通常所说的"签名""盖章"，给某一笔交易敲下一个不可篡改的时间证明。

区块链中的时间戳签名是写在区块链上的，而区块链过去的部分是不能以任何方式进行修改的。如果文件被修改了，这个哈希值就无法匹配,操纵行为也将被系统检测到。因此,它比传统的公证技术更为安全。

在区块链系统中,一旦信息经过验证并添加到区块链上,就会永久地存储起来,除非能够同时控制住系统中超过 51% 的节点,否则单个节点上对数据库的修改是无效的。因此,区块链的数据稳定性和可靠性极高。

**匿名性**

由于节点之间的交换遵循固定的算法,其数据交互是无需信任的(区块链中的程序规则会自行判断活动是否有效),因此交易对手无须通过公开身份的方式让对方对自己产生信任,完全可以做到匿名交易。

**可追溯性**

由于区块链的所有信息都有时间戳证明,不可篡改,且区块链是一个公开化、透明化的系统,这就意味着在区块链系统里,所有信息都可以溯源。

## 区块链之父:中本聪

中本聪最成功的地方,就是发明了 PoW 工作量证明的方法,利用新币发行的刺激机制,解决了拜占庭难题,从而漂亮地实现了公开网络上的信任机制问题。

中本聪,无人知道他是谁,也无人知道他是一个人,还是一个团队。2008年出现在密码朋克邮件列表中,他如神龙一般,提出自己的创意。2008年11月1日深夜2:10,中本聪发表了著名的《比特币:一种点对点的电子现金系统》(俗称白皮书),系统地提出去中心化电子货币的理论。在邮件中他给出了含有上述见解的论文的链接,重述了比特币的五个主要特性:

(1)可以用点对点的网络解决双重支付问题。

(2)没有类似铸币厂之类的第三方信任机构。

(3)使用者可以完全匿名。

(4)可以用哈希现金形式的"工作量证明"来制造新的货币。

(5)用于制造新货币的"工作量证明"机制同样可以用来预防双重支付。

很快,他提交了可运行的比特币系统。2009年1月3日,中本聪在位于芬兰赫尔辛基的一个小型服务器上挖出了比特币的第一个区块,也被称为"创世区块",中本聪因此被称为"比特币之父"。

有人说,区块链技术是中本聪为了表达对某些中心化机构的不满,是技术人为了表达对权威的反抗。依据是区块链正式走到大众眼前,是在2008年金融危机之后,制造了这些金融危机的罪魁祸首——华尔街的金融巨鳄,依然过着挥金如土的日子,因为"大到不能倒",所以政府不得不用财政收入为其错误买单。

2009年1月3日,中本聪本人在创世区块里留下了一句永不可修改的话:2009年1月3日,财政大臣正处于实施第二轮银行紧急援助的边缘。这句话是《泰晤士报》当天的头版文章标题。区块链的时间戳服务和存在证明,使得这句话连同第一个区块产生的时间被永久性地保留了下来。

然而，关于中本聪是谁，到现在也没有人知道。在比特币圈内，他是一个传奇，大家都知道，他是一个匿名者、一个爱收集火车模型的天才黑客。即使加州大学洛杉矶分校金融学教授巴格·乔杜里（Bhagwan Chowdhry）已提名他为2016年诺贝尔经济学奖的候选人，也依然没人能找到他。他的一生就像一个谜团，但正如很多人所评论的那样：中本聪是谁并不重要，重要的是他留给这个世界的实际遗产。

## 区块链的发展之路：从1.0到3.0

区块链1.0时代主要是指区块链诞生之初，其技术探索主要是货币和支付领域的去中心化，其主要应用就是比特币。因此，也可以简单地认为，区块链1.0就是指比特币系统。

如果说区块链1.0实现了比特币交易中的去中心化，那么区块链2.0就是将这种去中心化延伸到其他的资产领域。比特币是一种资产，在比特币网络中，去中心化运转得很安全，那么能否把这项去中心化的技术应用到其他资产的交易和转换中呢？

这就有了区块链2.0，伴随着区块链2.0的是智能合约的诞生。主要指通过智能合约的方式将去中心化技术应用于注册、确认、转移各种不同类型的资产及合约。所有的金融交易都可以通过智能合约的方式在去中心化的情况下实现交易和转移，包括股票、私募股权、众筹、债券、对冲基金和所有类型的金融衍生品（如期货、期权）等。

区块链 2.0 超越了货币范畴，延伸到所有的资产，包括有形资产（股票、基金等），也包括无形资产（知识产权等）。

什么是智能合约呢？

传统合约是指双方或者多方协议合作或者交易时，每一方必须信任彼此会履行义务，还需要第三方监督的参与（通常是法律或者仲裁）。而智能合约无须彼此信任，因为智能合约不仅是由代码进行定义的，也是由代码强制执行的，完全自动且无法干预。到了约定的时间，机器就自动执行。

在这个基础上衍生出了智能资产这个概念。

使用区块链编码的资产通过智能合约就成为智能资产。智能资产是指所有以区块链为基础的可交易的资产类型，包括有形资产和无形资产。智能资产通过区块链控制所有权，并通过合约来符合现有法律。比如，预先建立的智能合约能够在某人已经偿还全部贷款后，自动将车辆所有权从财务公司转让到个人名下，这个过程是全自动的。

区块链 2.0 时代，人们对区块链应用的构想，除了智能资产，还包括无需信任的借贷。

让不认识的人在互联网上把钱借给你，而你可以将你的智能资产作为抵押，这必然大幅降低借贷成本，让借贷更具竞争力。非人为干预的机制也让纠纷率大大降低。

以太坊也是区块链 2.0 的产物，它是一个开放的智能合约完整解决方案。⊖比特币是区块链 1.0 最重要的运用，很好地完成了货

---

⊖ http://www.8btc.com/blockchain-2-ethereum.

币和支付交易。但是当我们需要记录和转移更多复杂的资产类型时，我们就需要第三步——更强大的脚本系统——最终实现图灵完备（能够运行任何货币、协议和区块链）。以太坊就是一个区块链为基础的项目，旨在提供一个图灵完备脚本语言和图灵完备平台。

区块链 1.0 主要是指比特币，区块链 2.0 延伸到一切资产，而区块链 3.0 则超越了货币，超越了金融领域，甚至超越了商业领域，延伸到一切领域，渗透到我们生活的方方面面，包括政治、社交、教育、医疗等。按照行内人士的预测和构想，区块链 3.0 时代在未来 5 年将会得以实现，那时，区块链将变得和互联网一样被所有大众认知和接受，从而全面颠覆我们的生活。

麦肯锡公司向美国联邦保险咨询委员会提交了一份区块链技术报告，报告把 2009 年至 2016 年称为"黑暗时代"，认为此期间所有区块链解决方案都基于比特币，而区块链的新时代将从 2016 年开始。届时，区块链的应用将变得空前广泛。 应用麦肯锡报告中的一句原话：基于区块链目前的发展速度，我们认为区块链解决方案也许会在未来 5 年实现全部潜力。⊖

---

⊖ http://www.8btc.com/mckinsey-sees-blockchain-technology.

# 区块链的共识机制

区块链系统会选取记账最快、最好的那个节点，以这个节点的账目为准，并发送备份给所有节点。那么，系统是凭什么来认定最快、最好的节点的？最快、最好的标准是什么？其他节点为什么会同意某个节点的记账？人人都参与记账，那么如何保证他们的账目都是正确的？会不会有些节点出于私利伪造或者篡改信息，会不会有节点恶意搞破坏？靠什么来保证节点数据的一致性和正确性？换句话说，靠什么达成共识？这就涉及区块链的共识机制。

## 去中心化的共识难题

在一个中心化的系统里，因为有权威化的中心存在，要达成共识是很容易的。例如，A跟B借10万元钱，传统的操作方式是双方去公证处公证，或者请一个颇具权威的中间人来进行担保。这样，想赖账就不可能了。

那么，在一个去中心化的系统里，没有权威中心的存在，没有公证人，没有担保公司，也没有中间人，A如果借了B的10万元钱，最后不承认不还钱怎么办？

为了方便大家对去中心化的理解，依然以刚才的借贷为例，我们来建一个最简单的去中心化模型。

如果 A 借了 B 10 万元钱，他们既不找公证，也不找中间人，其操作方法是：A 在人群中喊一声，"我是 A，我找 B 借了 10 万元钱！"B 也公开承认，"我是 B，我借了 10 万元钱给 A！"此时整个系统里的人都听到了这个消息，大家各自在账本上记下"A 找 B 借了 10 万元钱"。需要指出的是：在这个系统中，所有人都能收到 A 的信息，却并不知道其他人的存在。

这就是一个去中心化的系统，我们会发现，在这个系统中不需要公证，不需要证明人，甚至连借贷协议都不需要，也不需要人与人长久的信任关系。倘若 A 赖账，系统里的其他人就会翻出账本：××时间，A 找 B 借了 10 万元钱。

看起来是不是很简单？去中心化的记账是一个公开透明的系统，完全不需要第三方监督或者证明。但是，这当中存在两个致命的问题：

（1）由于是点对点的沟通，系统中有那么多人，他们都能接收到 A 的信息，但是所有节点之间却并不认识，也无法交流，如何能够保证所有人的记账都是同步的呢？

（2）假如有的人没有听清楚，把账记错了，或者包庇 A，故意做假账，怎么办？

一个账本中，假如出现时间和账目不一致的情况，那它就是无效的。例如，上述例子中，C 记载的是"A 找 B 借了 10 万元钱"，D 记载的是"A 找 B 借了 1 万元钱"，后面记的账更是五花八门。那么这个账本就无效了，B 完全可以赖账。

这就是去中心化系统所面临的两大难题：同步性问题和一致性问题。

同步和一致，在过去的技术下是做不到的。因为是点对点的通信，双方不可能在这种情况下达到信息的一致性。严谨一点，就是"在分布式计算上，试图在异步系统和不可靠的通道上达到一致性是不可能的"。

## 比特币的共识机制：工作量证明

区块链是靠什么达成共识的呢？这就是我们要讲的区块链共识机制。

区块链的共识机制，最为知名的就是 PoW，即工作量证明，这是比特币系统中运用的共识机制。

### 算力竞争

迄今为止，人类社会最接近"去中心化"的就是市场经济，完全靠"背后看不见的手"在调节，这个背后看不见的手是供求关系，也就是竞争。

区块链的算力竞争有点类似于市场经济，靠和个人私利密切相关的机制去调节。

什么是算力竞争呢？

区块链系统中的每一台计算机都参与记账，但如果有节点出于私利篡改数据，造成不同节点的账目不一致该怎么办呢？以哪个节点记的账为准？

区块链是通过算力竞争来达成共识的。

所谓的算力竞争，就是以每个节点的计算能力（"算力"）来竞争记账的一种机制。在区块链系统中，大约每10分钟进行一轮算力竞争，竞赛的胜利者获得一次记账的权利，即在区块链这个总账本中加入一个新区块的权利。如此周而复始，不断增加新的区块。也就是说，只有竞争的胜利者才能真正参与一轮记账并向其他节点同步更新账目信息。

## 工作量证明

工作量证明是算力竞争的延续，在算力竞争中，如何判定某个节点在一轮记账中获胜呢？其依据就是工作量证明。

什么是工作量证明呢？

工作量证明（proof of work，PoW），简单理解就是一份证明，用来确认你做过一定量的工作。

我们都知道，监测工作的整个过程通常是极为低效的，而监测结果则要高效得多。例如，要想知道一个学生是否每分每秒都在认真学习很难，但可以用毕业证来验证他的努力程度。现实生活中的各类证件，都是通过检验结果的方式（各类考试）所取得的证明。

工作量证明的原理，跟这个有点相似。

工作量证明系统（或者说协议、函数），是一种应对拒绝服务攻击和其他服务滥用的对策。它要求发起者进行一定量的运算，也就意味着需要消耗计算机一定的时间。

工作量证明系统主要特征是客户端需要做一定难度的工作得出一个结果，验证方却很容易通过结果来检查出客户端是不是做了相应的工作。

## 不利原理

生物学上有一个原理叫作不利原理（the handicap principle），该原理可以帮助我们解释工作量证明的过程。这个原理说，当两只动物有合作的动机时，为了打消对方的疑虑，它们向对方表达友好时必须附上自己的代价，使得自己背叛对方时不得不付出昂贵的代价。

区块链是一个去中心化的系统，也就是说它没有第三方监督。在这种情况下，每个节点都会存在潜在的道德问题，达成共识就会变得很困难。工作量证明和生物学中的"不利原理"有点类似，可以理解为：在这个系统中，如果你认真工作，你的账本被系统认可和接受，系统会对你的贡献给予一定的奖励；而如果你的记账被系统认为是不合格的，将会失去奖励。

## 共识机制与比特币的诞生

在工作量证明中，我们提到了奖励。而在中本聪的设计里，最初的奖励就是比特币。

如何理解？

区块链是一个去中心化的自治系统。正如我们前面所举的那个借贷的例子：A找B借了10万元钱，在区块链系统中，由于没有中心的存在，A向所有节点广播"我借了B的10万元钱"，然后系统所有节点都记下这笔账，通过这样的方式来完成"公证"。

区块链是让所有节点参与记账，但是，这中间存在一个问题，记账是需要成本的，节点凭什么要这么做呢？没有奖励，节点就没有参与的动力。

同时，还存在下列问题：

（1）节点处理事务的能力不同，网络节点数据的吞吐量有差异。

（2）节点间通信的信道可能不安全。

（3）可能会有做恶节点出现。

那么，要如何解决这些问题呢？

在中本聪的设计里，每轮竞争胜出并完成记账的节点将获得系统给予的一定数量的比特币奖励，这个奖励的过程也是比特币的发行过程。㊀

准确点讲，系统发放的奖励包含两部分：一部分是区块所包含交易的手续费，这部分不属于比特币的发行过程；另一部分是新币奖励，每四年减半，这是比特币的发行过程。目前所获得的奖励以新币奖励为主。

在这个系统下，为了获得系统发放的比特币，节点不停地进行计算和竞争，同时不断地有新区块产生。这个过程很像现实生活中挖矿的过程，因此获得比特币的过程被人们形象地称为"挖矿"。

我们可以看出：在这个系统中，每个节点只需要根据自身利益行事，出于"私利"的目的进行竞争，为了在"工作量证明"中获胜以得到比特币，不得不保持诚实。

这就是比特币的共识机制，比特币借助区块链打造了一个正向的循环系统。

---

㊀ 在中文聪的设计中采取的是最长链共识。

## PoW 的缺陷以及其他共识机制

工作量证明使得区块链系统在没有中心的情况下也能达成共识，但是对工作量证明也有一些批判，一个常见的指责就是"浪费能源"，因为节点计算需要耗电，挖矿已成为能源密集型产业。

出于对消耗能源的担忧，也有科学家在探索和实践新的共识机制。

### PoS (proof of stake)：权益证明机制

一个典型的共识机制就是权益证明机制，以节点持有币的数量和实践来选择记账权。

如果把 PoW 理解为"干得越多，收获越多"，那么 PoS 就是"持有越多，获得越多"。

它的优点是：相对于 PoW，一定程度上减少了数学运算带来的资源消耗。同时，它根据每个节点所持有的数字货币的比例和时间，等比例地降低挖矿难度，从而加快了寻找随机数的速度，在一定程度上缩短了共识达成的时间。

它的缺点是：还是需要挖矿，且所有的确认都只是一个概率上的表达，而不是一个确定性的事情，理论上有可能存在其他攻击影响。例如，以太坊的 DAO 攻击事件造成以太坊硬分叉。

### DPoS：股份授权证明机制

它类似于董事会投票，持币者投出一定数量的节点，代理其进行验证和记账。它与 PoS 原理相同，只是选了一些"代表"。

与 PoS 的主要区别在于节点选举若干代理人，由代理人验证和记账。

该模式可以每 30 秒产生一个新区块，并且在正常的网络条件下区块链分叉的可能性极其小，即使发生也可以在几分钟内得到解决。

其缺点是必须是在该区块链系统有一定影响力的人才有资格获得记账的权利。

还有燃烧证明、沉淀证明等。

不过，这些并没有从本质上达到节省能源的目的，当前工作量证明仍然是最可靠和最有效的去中心化共识机制。

# 区块链的技术基础

区块链是一种"点对点"的数据传输和储存，它在最基础的数据层中，会用到哈希函数、密钥技术（主要是非对称加密）、Merkle 树、时间戳、数字签名等技术手段。在传输层中，会涉及 P2P 网络、传输机制、验证机制。在共识层面会运用到 PoW、PoS 等各种共识机制。传输层相对容易理解，共识层前面已经讲过，因此在这里，我们仅介绍它在数据层所运用的相关技术。

## 哈希函数

哈希函数（Hash Function），也称为散列函数或杂凑函数。哈希函数是一个公开函数，可以将任意长度的消息 M 映射成为一个长度较短且长度固定的值 H（M），称 H（M）为哈希值、散列值、杂凑值或者消息摘要。

哈希函数满足三个特性：

（1）消息 M 的任何改变都会导致哈希值 H（M）发生改变。

（2）在给定某个哈希函数 H 和哈希值 H（M）的情况下，得出 M 在计算上是不可行的。

所谓的"在计算上不可行"，依据计算复杂度理论的说法，是指对于该运算不存在一个多项式时间算法，例如大数分解和离散对数问题。上述计算不可行是哈希函数安全性的基础。如果把一段消息比作一个人,这段消息的哈希值就是这个人的指纹,是这个人独一无二的特征。

作为区块链技术基础的哈希函数,还需要具有以下特征。

## 免碰撞

其实这个特点在理论上并不成立,比如,比特币使用的SHA256算法,会有 2~256 种输出,如果我们进行 2~256+1 次输入,那么必然会产生一次碰撞;甚至从概率的角度看,进行 2~130 次输入就会有 99% 的可能发生一次碰撞。不过我们可以计算一下,假设一台计算机以每秒 10 000 次的速度进行哈希运算,要经过 10~27 年才能完成 2~128 次哈希。因此,发生碰撞的几率是极其小的。

## 隐匿性

也就是说,对于一个给定的输出结果 H(M),想要逆推出输入 M,在计算上是不可能的。以上特点是比特币的工作量证明系统可以正常运行的基石。

难度值(difficulty)是矿工们挖矿时的重要参考指标,它决定了矿工大约需要经过多少次哈希运算才能产生一个合法的区块。比特币的区块大约每 10 分钟生成一个,为了让新区块的产生基本保持这个速率,难度值必须根据全网算力的变化进行调整。

哈希函数通过调整难度值来确保每个区块挖出的时间都大约在 10 分钟,哈希函数计算的难度值对保证区块链系统的安全意义重大。正如美国的几位计算机科学家在共同所著的书中所写的:

"哈希密码是密码学中的瑞士军刀,它们在众多各具特色的应用中找到了一席之地,为了保证安全,不同的应用会要求不同的哈希函数特点。事实已经证明,要确定一系列哈希函数以全面达成可证安全极度困难。"⊖

工作量证明需要有一个目标值。比特币工作量证明的目标值(target)的计算公式如下:

$$目标值 = 最大目标值 / 难度值$$

其中,最大目标值为一个恒定值:

0x00000000FFFFFFFFFFFFFFFFFFFFFFFFFFFFFFFFFFFFFFFFFFFFFFFFFFFF

目标值的大小与难度值成反比。比特币工作量证明的达成就是矿工计算出来的区块哈希值必须小于目标值。

我们也可以简单理解成,比特币工作量证明的过程,就是通过不停地变换区块头(即尝试不同的随机值)作为输入进行SHA256哈希运算,找出一个特定格式哈希值的过程(即要求有一定数量的前导0)。而要求的前导0的个数越多,代表难度越大。

## 密码学基础

区块链采用密码学的方法来保证已有数据不可能被篡改。

这个部分的两个核心要点是:①密码学哈希函数,②非对称加密。两个都是密码学的基础概念。

---

⊖ 阿尔文德·纳拉亚南,约什·贝努,等.区块链:技术驱动金融[M].林华,王勇,帅初,等译.北京,中信出版社,2016.

可以说，区块链的诞生得益于密码技术的发展，数字货币正是在密钥技术的发展过程中产生的。

我们来看看密码朋克们对密钥技术的探索过程。

1976 年，Whitfield Diffie 与 Martin Hellman 在开创性论文《密码学的新方向》(*New Directions in Cryptography*) 中，提出公开钥匙密码学的概念。他们俩发明的 Diffie-Hellman 算法是一种秘钥交换方法，交换秘钥后还需要其他算法来进行加密和解密。这个算法是今天互联网安全的基础。他俩的成就在于，告诉世人非对称加密以及公钥加密是可行的。

Hellman 在 20 世纪 70 年代险些被美国军方关进监狱，要知道加密技术一直就是政府和军方的重要武器。密码科学家们要么为军方和政府工作，要么就要面对来自政府的威胁。密码学和区块链的很大一部分这种去中心化的理念常常被认为是无政府主义和过度自由主义。中本聪至今还匿名，聪明且谨慎啊。

1982 年，大卫·乔姆提出不可追踪的密码学网络支付系统。他发明了乔姆盲签名，可以说他是密码货币的始祖，这个不可追踪的密码学网络支付系统，就是今天比特币的老祖宗。1900 年，大卫·乔姆成立了数字现金公司，并试验了一个数字化的货币系统，名字为 Ecash，这应该是世界上的第一种电子现金，当时风头很劲，包括微软、维萨等大公司都要收购 Ecash。不过，中本聪对 Ecash 不屑一顾，认为它依然是传统的中心化系统，必须依赖中心化的信用。大卫·乔姆的数字现金公司于 1998 年宣告破产。其失败的主要原因就是这个系统对个人之间的交易无法起到很好的支持作用，而银行和商家也不愿意使用。

1985 年莱斯利·兰伯特等人提出了拜占庭难题。这真是区块链、比特币最重要的核心问题，就是如何解决公开网络上的信任问题。1982 年，Leslie Lamport 把军中各地军队彼此取得共识、决定是否出兵的过程，延伸至运算领域，设法建立具容错性的分布式系统，即使部分节点失效仍可确保系统正常运行，可让多个基于零信任基础的节点达成共识，并确保资讯传递的一致性。

1992 年，蒂莫西·梅成立了密码朋克㊀，这个组织里有一大批跟区块链技术的发明息息相关的大人物，包括大卫·乔姆、Phil Zimmerman（PGP）、阿桑奇、亚当·贝克、戴伟（名字是中文，不知道人是不是华裔，他在圈子中地位尊崇）、哈尔·芬尼、Tim-Berners Lee 爵士（万维网发明者）、John Perry Barlow（赛博自由主义政治活动家）、尼克·萨博（BitGold 发明人，智能合约的发明人），等等。

在互联网刚刚兴起的时候，很多天才都打起了电子货币的主意，如 Beenz 和 Flooz 都是当年的电子货币，但是全都死翘翘了。正如中本聪所说：中心化的电子货币都是垃圾，必死无疑。若是还依赖中心机构的信用来发行电子货币，那么与网银有何区别？

另一个对区块链技术贡献很大的人就是亚当·贝克，他发明了哈希算法，其中用到了工作量证明系统。他的本意，是实现电子邮件的可信。发送电子邮件之前，需要运算一个数学题，这样发送大量垃圾邮件就会成本巨大。这个思想，被哈尔·芬尼借鉴

---

㊀ 密码朋克是 1992 年筹备成立的，但密码朋克这个术语于 1993 年在 Eric Hughes 的 *A Cypherpunk's Manifesto* 中首次正式出现。

用来做可重复的工作量证明机制，随后，又被中本聪用到比特币中，完美地解决了拜占庭难题。

哈伯和斯托尼塔在1997年提出一个用时间戳的方法保证数字文件安全的协议。这个技术用简单直白的话语来解释就是：用时间戳的方式记录文件创建的先后顺序，协议要求在文件创建后其时间戳不能改动，这就使文件被篡改的可能性为零。这个协议后来成为比特币区块链的原型。

1998年，另一名密码朋克戴伟提出了匿名的、分布式的电子加密货币系统——B-money。B-money的设计在很多关键的技术特质上与比特币非常相似，但是不能否认的是，B-money有些不切实际，其最大的现实困难在于货币的创造环节。

在B-money系统中，要求所有的账户持有者共同决定计算量的成本并就此达成一致意见。但计算技术发展是日新月异的，而且有时并不公开，计算量的成本这类信息并不准确、及时，也难以获得，因而B-money很难成为现实。戴伟为此设计了复杂的奖惩机制以防止节点作弊，但是并没有从根本上解决问题。戴伟的很多设计被中本聪所借鉴，二人有很多邮件交流。

2004年，哈尔·芬尼推出了自己的电子货币，在其中采用了可重复使用的工作量证明机制（RPoW）。同时，他也是第一笔比特币转账的接收者。

此外，区块链的诞生，还要感谢肖恩·范宁和肖恩·帕克对点对点网络技术的开发。关于点对点技术，即P2P协议，一个大家很熟悉的例子是我们所用的迅雷，我们的一切种子，都是一种点对点的传输。有了P2P协议，才有了后来的比特币。

## 数字签名

什么是签名？很多人的第一反应是用笔签名。生活中我们经常需要用笔签名：借条要签名，合同要签名，去银行办理业务也要签名。签下名字，就表示对这件事负责。人的笔迹是很个性的，几乎不可能复制，即便是专业模仿也可以通过技术鉴别出来，因此签名就具有唯一性的特点，并被法律认可。

数字签名的原理跟用笔签名类似，用于确认身份。数字签名有两个作用，一是能确定消息确实是由发送方签名并发出来的，二是数字签名能确定消息的完整性。然而，在没有笔迹验证的情况下，数字签名如何保持唯一性和可验证性呢？

简单地讲，就是加密技术代替人的笔迹，数字签名涉及一个哈希函数、发送者的公钥、发送者的私钥。

其操作方法是：

在区块链系统中发送一条广播时，发送方用一个哈希函数从广播文本中生成摘要，然后用自己的私钥对摘要进行加密，加密后的摘要将作为广播的数字签名和广播一起发送给接收方，接收方首先用与发送方一样的哈希函数从接收到的原始广播中计算出报文摘要，接着再用发送方的公钥来对广播附加的数字签名进行解密。如果这两个摘要相同，那么接收方就能确认该数字签名是发送方的。

## 多重签名

比特币的匿名性，使交易处于不可信之中，最终导致用户不敢交易。有了签名功能，就有了确认双方信息的有效手段。那么，什么是多重签名呢？

多重签名，可以简单地理解为一个数字资产的多个签名。多重签名预示着数字资产可由多人支配和管理。多重签名，就表示动用这笔资金需要多个私钥签名，通常这笔资金或数字资产会保存在一个多重签名的地址或账号里。类似于生活中有一份文件需要多个部门签署才能生效一样。

多重签名是数字签名的升级，它让区块链相关技术应用到各行各业成为可能。

例如，电子商务、财产分割、资金监管等。例如，一对夫妻要储备一笔资金，供孩子上大学使用，在这之前谁都不能动，那么把签名模式改为 2/2，不仅限制了夫妻双方，也给黑客攻击增加了难度。多重签名的设计，让各种业务去中心化充满无限可能。

# Merkle 树

Merkle 树（默克尔树）被很多人称为哈希二叉树。Merkle 树的叶子是数据块（例如，文件或者文件的集合）的 hash 值。非叶子节点是其对应子节点串联字符串的 hash。[⊖]

在 P2P 网络中，Merkle 树用来确保从其他节点接收的数据块没有损坏且没有被替换，甚至检查其他节点不会欺骗或者发布

---

⊖ https://en.wikipedia.org/wiki/Merkle_tree.

虚假的块使用。在区块链网络中，Merkle 树可以快速校验大规模数据的完整性。在区块链网络中，Merkle 树的作用是：归纳一个区块中的所有交易信息，最终生成这个区块所有交易信息的一个统一的哈希值。因此，区块中任何一笔交易信息的改变都会使得 Merkle 树发生改变。

人们之所以将它称为"哈希二叉树"，是因为构造它的所有节点都是哈希值。它具有以下特点：

（1）它是一种树状结构，可以是二叉树，也可以是多叉树。

（2）Merkle 树的叶子节点上的 value，是由你指定的，这主要看你的设计，如 Merkle Hash Tree 会将数据的 hash 值作为叶子节点的值。

（3）非叶子节点的 value 是根据它下面所有的叶子节点值，按照一定的算法计算而得出的。如 Merkle Hash Tree 的非叶子节点 value 的计算方法是将该节点的所有子节点进行组合，然后对组合结果进行 hash 计算所得出的 hash value。⊖

比特币系统的区块链中，每个区块都有一个 Merkle 树，如图 1 所示。

可以看到 merkle root 哈希值存在于每一个区块的头部，通过这个 root 值连接着区块体，而区块体内包含着大量的交易。每个交易就相当于前面提到的数据块，交易本身都有自己的哈希值来唯一标识自己。⊜

---

⊖ http://blog.csdn.net/xtu_xiaoxin/article/details/8148237.
⊜ http://blog.csdn.net/pony_maggie/article/details/74538902.

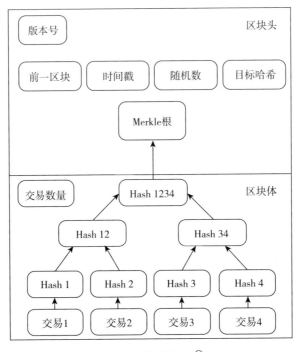

图 1　区块结构图[注]

## 侧链技术

侧链是一种特殊的区块链。它使用一种叫作"SPV 楔入"的技术实现与其他区块链之间的资产转移。

本质上来说，一个 SPV 证据是由一系列演示证据的模块头和建立在其中的一个模块的输出组成的。这就允许检测者检查一些委托输出的存在工作。这样的证据可能因为另一个以更多工作强

---

[注] http://blog.csdn.net/pony_maggie/article/details/74538902.

调的链（不包括创建输出的模块）变得无效。

使用 SPV 证据去确定历史，假装相信最长的模块链也是最长的正确的模块链，是由比特币中所谓的 SPV 客户端决定的。只有当不诚实的勾结拥有了超过 50% 的分散权利时，才可能欺骗 SPV 客户端。㊀

侧链协议是可以让比特币安全地从比特币主链转移到其他区块链，又可以从其他区块链安全地返回比特币主链的一种协议。实质上，侧链是一个类似于比特币的独立的、开放的分布式网络，它不是特指某个区块链，而是指遵守侧链协议的所有区块链，该名词是相对于比特币主链来说的。除比特币主链外，所有现存的区块链，如以太坊、莱特币等区块链都属于侧链。

由于侧链是一个独立的、隔离的系统，侧链中出现的严重问题只会影响侧链本身，这极大地降低了比特币主链创新的风险和成本。

它的原理是通过"双向瞄定"机制实现主链货币（也就是比特币）价值向侧链系统转移，由主链货币提供信用背书可以产生和发行侧链货币。简单地讲，侧链技术就是由比特币做信用背书而创造出来的旁链，在这些链上发行的数字货币被称为"山寨币"。

---

㊀ http://www.wanbizu.com/baike/201411133449.html，http://www.blockstream.com/sidechains.pdf。

# 区块链的几种类型

区块链根据技术手段、开放程度的不同，可分为公有区块链、联盟（行业）区块链、私有区块链。公有区块链是所有人都参与记账的，被认为是"完全去中心化"的，几乎所有的数字货币都是基于公有区块链。联盟区块链是由某个群体（联盟）参与记账的，被称为是"多中心化"的，当前市面已有不少知名的联盟链。私有链是由某个团体、企业或者个人独享记账权限的，被认为是部分"去中心化"，私有链目前还处于尝试和探索阶段。

## 公有区块链

公有区块链是指，世界上任何个体或者团体都可以发送交易，且交易能够获得该区块链的有效确认，任何人都可以参与它的共识过程。公有区块链是最早的区块链，也是目前应用最广泛的区块链，几乎所有的数字货币都是基于公有区块链，每一个币种，世界上仅有一条与之对应的区块链，比特币区块链是公有区块链的始祖。

公有区块链的特点是：

（1）公有区块链通常被认为是"完全去中心化"的。

（2）在公有区块链中程序开发者无权干预用户。

（3）进入门槛低，几乎只要有一台能联网的计算机就可以进入。

（4）链中的所有参与者都是隐藏身份的，但链上的所有数据则是公开的。

## 联合（行业）区块链

联合区块链，也称为行业区块链。

它是由某个群体内部指定多个预选的节点为记账人，每个块的生成由所有的预选节点共同决定（预选节点参与共识过程），其他接入节点可以参与交易，但不过问记账过程。

联合区块链本质上是一种分布式的托管记账，预选节点的多少，如何决定每个块的记账者，成为此类区块链的主要风险点。

其他任何人可以通过该区块链开放的 API ⊖ 进行限定查询。

### 联合区块链的特点及优点

（1）如果说公有区块链几乎是"完全去中心化"的，那么联合区块链则可以理解为是"多中心化的"。

（2）联合区块链的可扩展性更强，可以完成更大规模的交易。

（3）对产业或国家的清算、结算有用，且容易进行控制权限限定。

例如，有影响力的联盟链有：

（1）R3。

世界顶级区块链联盟，包括巴克莱、瑞士信贷、摩根士利丹、

---

⊖ API 就是一个数据接口，负责一个程序和其他软件的沟通，本质是一个预先定义的函数。

高盛、汇丰等在内的国际金融巨头都是它的成员。中国平安、友邦保险等国内机构也加入其中。

（2）中国区块链研究联盟（CBRA）。

2016年1月由"全球共享金融100人论坛"发起成立，参与单位包括中国万向控股有限公司、厦门国际金融技术有限公司、中国保险资产管理业协会、营口银行股份有限公司、包商银行股份有限公司等。

其目的主要是促进区块链的技术发展，创新提高我国区块链技术的实际应用能力。

（3）中国分布式总账基础协议联盟（China Ledger）。

2016年4月19日，由中证机构间报价系统股份有限公司等11家机构共同发起，这个联盟带一点官方属性，仅中证机构间报价系统股份有限公司的股东就包括沪深两大交易所——上海期货交易所和中证登。

该联盟的主要目标是：聚焦区块链资产端应用，兼顾资金端探索；构建满足共性需求的基础分布式账本；精选落地场景，开发针对性解决方案；基础代码开源，解决方案在成员间共享。

（4）金融区块链合作联盟。

2016年6月成立，包括腾讯、华为、京东等巨头在内的31家单位加入。

## 私有区块链

私有区块链指的是仅使用区块链的总账技术进行记账，可以是一个公司，也可以是个人，独享该区块链的写入权限。读取权限是否对外开放，由该私有链的所有者决定。

私有链的特点是：

（1）交易速度非常之快。

（2）给隐私更好的保护。

（3）交易成本大幅度降低，理论上可以为零。

（4）如果说公有链是"完全去中心化"，联盟链是"多中心化"，那么私有链是"部分去中心化"。

关于私有区块链，当前也有一些争论，例如有些人认为区块链为企业所私有，用处不大，因为私有链让用户依赖管理区块链的企业，实际上形成了"中心化"，因此也有很多人认为私有区块链不属于区块链。

目前，私链的应用产品还在摸索当中。

# 区块链的广泛应用领域

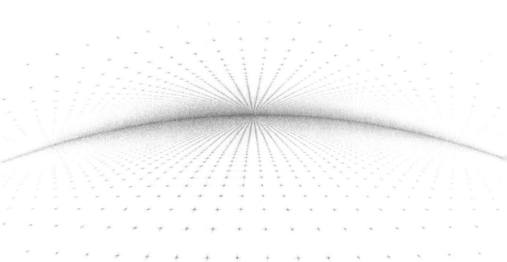

正如我们前面所讲，区块链1.0仅限于货币领域，区块链2.0对应"智能合约"，可以管理一切资产，区块链3.0则可以延伸到整个社会层面。

事实上，在所有需要去中心化，所有需要解决"信任问题"的领域，在所有需要提升效率、提升安全度的领域，在所有需要追溯来源、保护隐私的领域，区块链都有它的用武之地。在这里，我们仅介绍金融、知识产权、物联网、人工智能、零售业、人力资源、传媒广告、公共事业这八大领域。当前，区块链在这些领域的研究和应用已经取得了不少成果，有些项目甚至已经落地。

# 区块链在金融业的应用

信用是金融业的基础。为了解决信用问题，金融业的发展催生了大量的中介机构，包括托管机构、第三方支付平台、公证人、银行等。区块链是一个制造信用的机制，它可以实现信用机制的"去中心化"，从而大大提升效率和降低成本。可以说，区块链和金融的结合度非常高，金融也是区块链除数字货币以外最早的应用领域。这里，我们仅从数字资产管理、跨境支付与结算、证券发行交易及客户征信，以及反诈欺、反洗钱、透明度等方面来讲述区块链在金融领域的应用。

## 区块链打造智能资产，将改变资产管理的方式

由于区块链把比特币管理得很好，很多人就想到，能否用类似的机制来管理其他的资产呢？这个想法，几乎是每个学习、研究区块链的人都会想到的。按照理想化的设想，把区块链技术搬到其他资产管理领域，不需要中介，也不需要更多的技术创新，就可以打造一个去中心化、更安全、防篡改、可追溯的智能资产管理平台，这个前景是多么诱人。

按照业内人士的构想：区块链可以将所有资产都变成智能资产，用数字化的方式管理。未来这一技术有可能会全面改变人们的资产管理方式。

## 基于区块链技术的智能资产

如何用区块链技术打造智能资产呢？

区块链可以用于任何资产的注册、交易，包括房产、汽车等有形资产，也包括股票、知识产权等无形资产，很容易进行所有权的确权。

而智能资产的核心就是控制所有权，一旦确权，对于在区块链上注册的数字资产，能够通过私钥来随时使用。

是否还有点抽象？举个例子，一旦将资产变成智能资产，并且用区块链来管理，那么，可以做到：当一个人偿还全部贷款后，自动将汽车从财务公司名下转到个人名下（这个过程可能需要多个相关方的智能合约共同执行）。

## 区块链打造智能资产的优点

基于区块链的智能资产，是一个去中心化的资产管理系统，在这个系统里，机器信任取代了人工信任，只要物权法能跟上智能资产的发展，运用区块链，在资产本身上记录所有权，确权十分容易，将极大地提升资产管理的效率。

同时，区块链对资产的智能化管理，也可以避免纠纷。

## 区块链打造智能资产的广阔前景

未来，我们的房产、车库、门禁系统等都会植入一个识别芯片，运用主人注册在区块链的数字身份可以立即识别。

区块链还可以让我们的资产产生更多的价值。

例如，用区块链来管理自己的车，在自己不用的时候可以将它"共享"出去，获取收益。因为有区块链的确权和智能合约，不用担心车辆遗失，也不需要租车行等相关中介的参与，对于租车方来说，也不需要那么高昂的押金。即便是租来的车，也可以在闲置时作为"二车主"把使用权短租给同事。

可以说，用区块链来打造智能资产，其想象空间是无限的。未来十年智能资产将快速发展，会在某些领域快速得到运用，而区块链在确权方面的优势，加上智能合约的便捷性，将会成为智能资产的底层架构。

当然，区块链打造智能资产要大面积投入应用还需要相当长的时间，首先人们适应用代码来控制资产的方式需要一个过程，其次还有法律、监管层面的问题。

## 区块链让跨境支付更经济和有效率

据 2016 年 7 月埃森哲发布的一份报告称，全球每年通过银行进行的跨境支付交易有 100 亿～150 亿笔，规模为 25 万亿～30 万亿美元。⊖而据世界银行统计，中国有望超越巴西成为继美国和欧元区之后的第三大支付地区。⊜

而现有的跨境支付普遍采用 SWIFT 网络，一笔跨境支付交易，通常需至少 24 小时才能完成，且成本高昂，平均每个汇款人所承担的手续费率达 7.68%。

---

⊖ http://www.8btc.com/blockchain-and-crossbroder-payment.
⊜ https://www.huxiu.com/article/172413/1.html?winzoom=1.

国内转账已经能够实现零成本，如从工行转到招行等，原因在于央行清算中心可以让国内银行间资金互相对冲。国外同理，美国国内、欧盟区内的汇款成本都很低。但是一旦跨境以后，没有一个国际化的清算中心，国际转账成本非常高。

**传统跨境支付的操作流程及缺点**

过去的跨境支付要通过 Swift 联盟，一般说来，有四大步骤。

（1）支付发起阶段：在接到支付（汇款）需求后，由收款行或者转账机构进行 KYC（反洗钱）核查以及身份核验，收取资金以及相应费用，再处理汇款人的请求。

这个环节的缺点是，首先需要人工填单，且要填多次单，效率低，从安全性上讲，KYC 审核机构掌握的信息有限，且水平参差不齐，还很难做到信息共享，导致对真实性的控制力有限。

（2）资金转移阶段：由于不是所有的银行都加入了 Swift 联盟，因此 Swift 成员可以利用 SWIFT 网络，而非成员只能通过当地的代理银行进行汇款。

这个环节的缺点是，由于信息流和资金流要经过多个机构，会产生高昂的费用，且延迟现象严重，出错率高。

（3）资金交付阶段：收款人收到通知，去往银行或者汇款机构，银行或者汇款机构进行身份核验，收款人拿到钱，且拿到的是当地的货币。

这个环节的缺点是，如果是汇款机构，就要求收款人亲自去，而且，如果身份相关的证件遗失，还颇有一番波折。

（4）监管阶段：银行或者汇款机构有时需要向监管层提交包括

交易细节在内的报告,这种报告有复杂的业务要求,且成本高昂。

## 区块链的解决方案

传统的跨境支付一直有着周期长、手续费高、程序复杂、需要很多人力投入等方面的缺点,区块链技术的出现,给提高跨境支付的效率带来了突破口。那么,区块链是如何解决这些问题的呢?

(1)在支付发起阶段:在 KYC(反洗钱身份验证)这一块,可以将汇款人的身份信息入链,通过电子身份档案方式,建立付款人与银行(或者汇款机构)之间的信任,还可以通过智能合约的方式界定好付款人之间转账行为的权利和义务关系。

(2)在资金转移阶段:资金转移过程中的一切行为,包括识别双方身份,以及确认汇率、转账金额、转账时间、付款条件等信息,都可以通过智能合约来进行,可以实现实时转账,没有延迟,且不需要代理行的参与,降低中间成本。

(3)在资金交付阶段:按照智能合约,到约定的时间后自动存入收款人的账户,或者由收款行进行 KYC 身份验证流程后允许收款人提取。

(4)在监管阶段:无须耗费精力写报告,由于区块链上的信息是不可篡改且可以追溯的,所有相关交易信息都可以在区块链中查询到。监管机构可随时审查,甚至可以满足持续审查的需要。

总之,区块链在诞生之初,就具备跨境支付的功能,它的第一个产品比特币早就实现了跨境支付。可以说,区块链应用于跨境支付,在技术上是完全没问题的。之所以没有被真正应用,主要是政治、法律、隐私等原因。

> **应用实例**
>
> 案例一：2017年3月，招商银行运用区块链技术，为南海控股有限公司通过永隆银行向其在香港同名账户实现跨境支付，标志着国内首个区块链跨境支付成功落地应用。
>
> 案例二：2016年9月初，巴克莱银行和以色列一家初创公司共同完成了全球首笔区块链贸易结算。该笔交易担保了价值约10万美元的奶酪和黄油产品，结算在巴克莱银行下属的Wave公司开发的区块链平台执行完成。通过区块链技术，传统需要耗时7至10日的交易处理流程被大幅缩短至仅不足4个小时。
>
> 案例三：OKLink于2016年尝试使用区块链技术让汇款公司和收款公司直接进行支付、结算，省掉了所有中间环节费用，整个网络只在中间汇率基础上收取不超过0.5%的费用，极大地降低了中小企业在小额跨境支付中的成本。
>
> 埃森哲的报告《区块链技术：银行如何构建实时全球支付网络》指出，北美和欧洲地区90%的大型银行都在探索区块链支付技术，其中30%已进入概念验证阶段。

## 区块链大大简化证券清算结算的流程

中国股民数量已超1亿人，支持如此庞大数量的股民完成交易的是一个非常复杂的系统。传统的证券交易需要经过中央结算机构、银行、证券和交易所四大机构之间的协调，效率低、成本高。

近年来，越来越多的金融机构开始探索将区块链技术应用于股权交易领域。例如，纳斯达克开发基于区块链的证券发行与交易管理系统，澳大利亚证券交易所探索利用区块链升级证券结算系统等。

**以往的证券清算和结算**

清算和结算是指什么呢？

通俗地讲，客户买股票是从交易所买的，但是不能直接买，必须在证券公司营业部通过证券公司的席位或者交易单元来买。在购买的时候，登记公司负责对客户的股票进行登记，其间客户转钱还需要通过银行。所以一个完整的证券交易有客户、证券公司营业部、交易所、登记公司、银行等多个主体的参与。

清算将客户、证券公司营业部、登记公司、交易所和银行产生的数据分别进行计算和核对。

与清算相关的还有一个概念叫交收，交收指的是根据清算的结果在事先约定的时间内履行合约：买方支付一定款项获得所购证券，卖方交付一定证券以获得相应价款。

清算加上交收，就构成了结算。

当前，证券交易平台的惯例和趋势是交易平台与结算平台前后分离。

从我国的实际情况来看，证券市场已经形成"两所两网"的局面，大家互相独立，而市场参与者却是共同的。基本上券商都会同时拥有"两所两网"的交易席位,但交易清算结算机制又互相独立,加重了券商的成本负担,增加了资金周转风险。

另外,传统清算登记系统过分依赖场内交易,对清算登记系统的发展不利。

还有,资金清算依赖于银行体系,尤其是人民银行电子联行系统。因此,银行系统的效率直接影响证券市场资金交收效率。

## 区块链大大简化清算结算流程,实现交易即结算

区块链是一个跨领域、全球性的数据库,它有别于过往的去中心化,是一个相互独立的系统。

区块链具有的安全透明、数据不可篡改、数据可以追溯等特点,可以在证券登记、股权交易、证券发行等方面发挥其作用,更高效、更安全。

传统的上市流程中,需要先审核,再发行和交易。由于区块链可以追溯数据和交易,它在证券清算结算的过程中能够省略清算所、市计员去验证交易的步骤,不再需要托管人员去验证投资者股票持有的真实性。

更深入地讲,区块链技术实际上是在交易系统中省略了中间人和后台,降低了第三方市计、记账和验证交易的高额成本。

区块链的点对点交易,意味着清算结算过程可以做到交易即结算,与传统的"T+3"和"T+2"清算时间相比,区块链技术提高了资产的流动性,让交易者持有股票等同于手持现金。

区块链技术还带来了高透明度的权益市场,由于每个交易参与者都有完整的交易记录,因此暗箱操作将会很难实现。同时,

区块链的数据不可篡改的特性,可以避免伪造、篡改交易记录等不良现象。

区块链技术也将改变证券发行的规则,基于区块链技术的智能合约,在最理想的情况下,可以实现任何人以自己设定的方式自行发行资产凭证。

**应用实例**

案例一:美国在线零售商 Overstock 曾和创业公司 Counterparty 合作共同开发了一个名为美第奇(Medici)的项目,后来因为种种原因,美第奇项目没有开发成功,但双方推动区块链技术在证券市场应用的努力却没有停止。在此之后,Couteparty 与 MathMoney f(x)公司合作开发了瞄准证券市场的 symbiont.io,而 Overstock 也继续开发自己的区块链项目并在 2015 年 4 月率先公布了名为 0 的部分项目信息,该平台的目标是基于区块链技术实现股权的交易和结算功能,发挥区块链"交易即结算"的优势。

2015 年 8 月,Overstock 在纳斯达克的一次活动上正式推出了区块链交易平台项目 1.0,设计目标是基于区块链技术建立可实现证券交易的实时清算结算功能的全新系统,该系统同时包括了证券的发行功能。

2015 年 10 月底,纳斯达克宣布要推出基于区块链技术而建立的新平台 Linq,该平台以在私募证券市场建立一种全新的股票发行、转让和出售方式为目标,将可能彻底改变资本市场基础设施系统的核心，尤其是对于交易结算和行政审批等过时的管理功能的颠覆。

案例二：澳大利亚证券交易所（ASX）也在认真考虑使用区块链技术作为其清算和结算系统的升级方案。ASX已经认购了区块链技术开发商DAH公司的1 500万美元股份，主要就是为了优先使用区块链技术升级ASX的股票系统，DAH将与纳斯达克一起为澳大利亚证券市场设计结算系统。

ASX正在寻求新技术以提高终端之间的效率，大量削减来自投资银行和交易后端的管理成本，而这正是区块链的潜力所在。

此外，澳大利亚政府也将对区块链是否适合在证券清算行为上应用进行评估，如果可行，ASX将会积极推进研究。

## 区块链打造更透明的众筹

2016年，由区块链技术催生而来的The DAO项目，获得1.6亿美元的史上最大众筹融资，让人们开始思考将区块链与众筹结合的可能性。从理论上讲，区块链的去中心化、匿名、可追溯、信息不可篡改等特征，可以大大提高众筹的安全性和效率。虽然目前区块链与众筹的结合还在探索阶段，但已有越来越多的人看好它的前景。

### 区块链与股权众筹

在过去的经验里，非上市公司在进行股权登记时，往往需要使用大量的人工处理纸质股权凭证等信息。尽管按照当前的法规，企业股东不得超过200人，但实际上，即使只有几十位众筹股东，在办理股权登记时仍然非常麻烦。而区块链则可以将一切信息入链，运用密钥技术进行管理，这可以大大提升效率。

另外，在透明度的问题上，股权众筹信息没有完全公开，市场价格也不透明，更容易产生信任危机和纠纷。而一旦运用区块链技术，把各家众筹平台的零散信息汇聚起来，实现数据共享、数据入链，这个问题也就迎刃而解。

最后，在流通上，众筹领域的股权转让早已不是稀奇事，在交易过程中的信用问题依然是一个难题，当前主要由交易平台承担信用风险。而一旦将区块链技术在这个领域构建信用就变得容易多了，流程也可以大大缩短。

当然，要真正实现也并不容易，主要原因包括：

（1）可能会全面革新我国现行的股权登记系统，影响较大，没有办法在短时间内实现。

（2）在数据共享这一块，众筹平台显然不会主动交出核心数据库。同时，数据共享也会弱化占有较大市场份额的众筹平台，这是他们不愿意看到的。

（3）区块链技术本身还不成熟，各种未知的安全漏洞可能会给参与者带来不可预估的投资风险。对于不允许出现错误的证券交易来说，任何一个简单的代码缺陷都可能造成巨大损失。

例如，THE DAO这个众筹超过1.6亿美元的平台，遭受未来黑客攻击，丢失了360万以太币，导致该平台出现大范围的市场抛售，造成动荡。

## 区块链与小额众筹

小额众筹一般是指那些额度不大的众筹,例如很多人都知道的"大病轻松筹"。一些小额的产品众筹也可以归为此列,例如艺术家众筹资金来办画展、出版自己的作品等,这类众筹多半带点资助性质,出资者对回报的期待不高。

尽管对回报的期待不高,但是人们亦希望众筹的信息真实,希望众筹资金的用途公开透明。在当前的小额众筹中,一些浑水摸鱼的不良分子混杂其中,利用人们的同情心骗取金钱,极大地损害了参与者的积极性。

而一旦将区块链运用于众筹领域,它的信息共享、不可篡改、可追溯的特性,可以大大提升众筹的透明度,在陌生人之间建立起一座信任的桥梁,从而更好地为弱势群体服务。

> **应用实例**
>
> 法国金融服务巨头 BNP 产品经理人表示,他们正在尝试将区块链技术应用在众筹领域[一],目标是建立标准、提高参与众筹的效率、提高市场透明度。而在解决了这一系列问题后,还可以通过区块链技术开发二级市场。
>
> Bolero 众筹平台推出了号称欧洲第一款区块链应用,验证了区块链可以为非上市公司的证券提供更多的流动性,从而打开以区块链为基础的股权众筹二级市场发展道路。[二]

---

[一] https://www.douban.com/note/586200761/.
[二] http://www.8btc.com/bolero-uses-blockchain-technology-to-provide-secondary-market.

# 区块链让知识产权保护更容易

传统知识产权一直面临确权耗时长、时效性差，用权变现难、流通不顺畅，维权难、溯源难这三大难题。由于侵权严重，原创作者生存艰难，创新乏力，进而导致抄袭篡改的作品长期霸占屏幕，无法获得优质内容。

区块链通过程序算法自动记录信息，移除了第三方，将知识产权的信息储存在互联互通、共享的全球网络系统中，无法被任意篡改，极大地提高了维权的效率，也许会彻底改变目前全球知识产权保护的格局。

## 传统知识产权保护面临的三大挑战

按横向划分，知识产权可分为版权、商标、专利三个细分子行业。其中，版权的行业成熟度相对较高。而按纵向产业链划分，知识产权可分为确权、用权、维权三个环节。

目前，知识产权产业痛点较多，按纵向产业链划分，主要可以归纳为三大方面。

### 确权耗时长、时效性差

确权指的是知识产权的注册、登记。

互联网技术大大提高了确权的效率，过去，版权、商标、专利的确权动辄几个月，且手续烦琐，现在一些互联网确权服务公司基本能把时间控制在 30 个工作日内，部分还提供加急通道，把时间控制在 10 个工作日内。但依然面临确权慢、手续烦琐、信息更新不及时等问题。

**用权变现难、流通不顺畅**

知识产权的变现和流通也是一个大问题。从新增版权登记量来看，2015 年我国的版权登记量（包括作品、软件与质权）为 164 万件，存量市场预计版权最少在 700 万件左右。如此庞大且快速增长的版权供给，产生的经济效益如何呢？

我们会发现，这些版权虽然登记了、确权了，但是大部分都是永远安安静静地躺在那儿，无法变现，无法在市场上流通。

那么是不是这些知识产权没有市场呢？也不是，实际上，市场对版权作品的需求量是非常大的，盗版和侵权的现象十分严重，可以从侧面印证这一点。

事实上，无论是文学作品、摄影作品、音乐作品还是其他，都缺乏有效的证明和保护方法，传统的版权证明方式依赖权威的第三方认证，使用时成本很高，也间接地导致侵权者无视这些第三方认证渠道，造成变现和流通困难。

**维权难、溯源难**

当前，知识产权领域维权很难，一个很大的原因就是溯源难。

首先，在界定是否侵权时，需要逐级查看授权说明才能最终确定。特别是声音、图像这类版权，更容易引起所有权争议。

其次，就算是确定了侵权，后续溯源难度也较大。以音乐版权为例，词曲人拥有词曲的著作权，歌手拥有歌曲版权，此外还包括复制权、发行权、播放权、放映权等一系列的权利交叉在其中，其归属的复杂程度可想而知。

知识产权保护不力，会带来什么后果呢？

一个最明显的后果就是，侵权严重，原创作者处境艰难。

由于维权难，当前在我国知识版权领域，侵权的现象比较严重，互联网上随意复制粘贴，甚至不标注引用来源的现象也比较普遍。

当前是流量经济时代，"内容价格极低甚至免费，主要靠广告流量变现"是流量经济的主要特点。为了博眼球，一些低俗、劣质的内容被制造出来，篡改和抄袭他人作品的行为较多，挤压了优质内容创造者的生存空间，甚至出现了原创作品无人问津，篡改抄袭的作品却爆红的怪现象。

一方面，原创作者生存艰难，创新乏力；另一方面，抄袭篡改的作品长期霸占屏幕，民众无法获得优质内容。这是当今中国文化产业发展中的一大瓶颈。

更严重的，知识产权保护不利，甚至会导致一个行业的整体衰落。

例如，20世纪八九十年代，是音乐产业的黄金时代，涌现出一大批优秀的创作者和好作品。然而，随着互联网的兴起，歌曲都变成了免费下载，原创作者无法获得好的收入，失去了创作热情，直接导致音乐行业的整体低谷。我们会发现，直到今天，大家经常听、经常唱的那些歌，多数都是10年、20年之前的，近年来市面上的好作品不多。

随着物质生活水平的提高，人们对精神文化产品的需求也越来越高。专家判断，未来 10 年将是文化产业发展的黄金时代，然而，知识产权问题一直都是笼罩在文化业发展上的一个阴影。庆幸的是，区块链技术的出现，也许可以成为解决这个难题的契机，更大胆点预测，区块链技术将改变整个文化产业的格局。

## 区块链可瞬间确权，让维权更容易

区块链与知识产权的结合是目前比较热门的区块链应用之一，面对传统知识产权的三大难题，区块链可以发挥怎样的作用呢？我们依然分三个方面来讲。

### 确权方面

在一项作品完成后，可以立即直接在区块链节点中声明所有权，理论上做到确权速度以秒记录。

（1）注册过程几乎是即时的，可以在作品完成的瞬间迅速确权，甚至在作品还没有完全完成时，就在区块链上存储、登记，并且收费也远比传统模式要低。

（2）区块链数据库的加密安全性质，使作品不太容易遭受灾难性的损失或黑客攻击。

（3）作品的后续交易也会被实时记录，并且在网上可以被实时追踪到。

（4）区块链的公开透明可以更广泛地宣示作者对作品拥有的所有权。

虽然目前很多区块链注册缺少传统模式注册时所具有的法律效力，但是已经有部分国家和政府开始关注这个领域并给予法律支持。在某些地区，区块链注册已经可以作为传统注册方式的有效补充。未来，一旦法律系统更好地接纳区块链注册，相信这一领域的应用将会得到飞速发展。

## 用权方面

当前文化领域侵权严重，一方面是因为知识产权的认证、保护和交易，大都是由第三方机构代理，不仅耗时长，价格也很高；另一个方面，知识产权的供需双方难以实现高效率点对点的直接沟通。

而一旦有了区块链，版权的流通和交易就容易多了。

（1）首先，当需求方需要使用一部作品时，通过区块链溯源，很容易联系到作品的所有权人，并点对点直接沟通。

（2）区块链减少了中间环节，而且可以大大提升作品的使用频率，这样就可以降低成本和价格。一旦有了合理的价格，需求方将没有必要再冒侵权的风险。未来，区块链的应用也许可以在这一领域造就出一个庞大的市场。

（3）区块链通过智能合约还可以加速版权收费，提升交易的执行效率，创建分账的合同就是一种有效的方法。例如，当一首歌中，A 的贡献占 25%，B 的贡献占 75%，一旦 C 用户听了这首歌，那么系统就会自动为 A 和 B 分账。利用区块链系统附带的数字密码货币，还可以便捷地实现小额实时支付。

## 维权方面

一旦有了区块链，权利归属清晰，可以快速定位侵权行为与侵权主体。

知识产权维权难的关键在于，确定侵权困难，权利主体难寻。而区块链技术能够溯源，能在第一时间确认侵权，同时也能快速找到侵权主体。由于侵权记录被不可更改地保存下来，维权将变得容易，甚至无须第三方参与仲裁。

而且，侵权记录在全网都有体现，侵权者的信用会受影响，不利于其以后的其他交易。因此，在基于区块链的知识产权体系下，失信者将越来越没有市场。这客观上会促进自律。

总之，区块链通过程序算法自动记录信息，移除了第三方，将知识产权的信息储存在互联互通、共享的全球网络系统中，无法被任意篡改，极大地提高了维权的效率。区块链的不可更改特性，能够让知识产权保护变得愈加简单和低成本。通过完全自动的方式，让每一个人都可以对任意的数据信息进行快捷登记和备案，这也许会彻底改变目前全球知识产权保护的格局。当知识产权登记的成本接近零时，有可能会诞生一个空前庞大的微知识产权交易市场。

以音乐产业为例：音乐的知识产权保护似乎很容易，无论这首歌是在网上播放的，还是在咖啡馆、电视台、iPad 上播放的，只要搜索下这首歌的创作者、演唱者、幕后投资者，然后向相关人员付费就可以了。

但是，事情远远没有想象的那么简单。

在音乐产业的知识产权保护方面可能涉及作词人、作曲人、表演者、出版人和许可人,甚至还有按地域区分的不同用途的使用权。有时,一首歌曲可能需要通过不同的公司在不同的时间向多个国家的很多人付钱。更糟糕的是,世界上任何地方都没有中央数据库可以追踪到歌曲的所有人。实际上,虽然很多公司和组织将很多数据库放在全球很多地方,但是很多数据是支离破碎的、不正确的、过时的,这就导致支付次数极少,大量的资金没有人认领。

有了区块链,可以将一首歌的所有知识产权信息及交易信息放入全球性的分布式数据库中,那么保护创作人权益就变得容易多了。

## 区块链与知识产权的应用实例

当前,区块链技术应用于知识产权交易大致有两个方向:一是利用区块链进行确权维权,二是在线的知识产权交易。

> 案例一:法链
> 这一领域最著名的应用案例,就是小蚁、微软和法大大合作成立的法链。
> "法链"的成立,有望开创出电子文件的全新存储模式。目前,法大大平台电子合同的日均签署量在当前 10 万份的基础上保持着持续的增长。根据"法链"相关人士的介绍,未来

将有更多的司法鉴定机构、公证处、在线仲裁机构、律师事务所等权威第三方机构加入"法链",构建一个全新的知识产权保护模式。

线下的知识产权交易文件也可以保存在法链上,如果合同中明文要求所有交易记录都必须在法链上签署并保存的话,法链则可以提供完整的交易证明。

**案例二**:Left Gallery

区块链可以将我们的资产变成数字资产、智能资产,知识产权也是数字资产的一种。因此,可以利用区块链技术,让知识产权像股票一样在线交易。Left Gallery 就是一个著名的应用案例。

这是一个数字展览馆,它是由荷兰柏林艺术家 Harm van den Dorpel 创立的。这个项目可以帮助艺术家以"下载对象"的方式,出售他们的作品。Left Gallery 使用比特币作为付款方式。

它的基本原理是,数字资产的发行方,通过抵押价值 150%~250% 的数字货币发行数字资产。数字资产与实际资产可兑换。实际专利的持有者可兑换成数字专利,从而获得数字交易的好处,可以像比特币一样分成很小的份额与他人交易,和企业股票一样交易,但是在比特股或者以太坊这样的区块链平台上公开透明地自动化进行。数字专利的发行方与数字专利的持有者约定可以自由兑换,保证数字专利与真实专利的等值。

当数字资产升值,或者基础数字货币贬值导致抵押物价值低于给定阈值时,系统将自动实际清算,卖出抵押物平仓。

案例三：IkonoTV

IkonoTV是第一个高清艺术电视广播频道，这一频道和超过1 000位艺术家进行了合作，IkonoTV使用了区块链技术，这项技术适用于加密签约，能使著作权始终清晰，该频道的收看观众超过3亿人。

案例四：Cointemporary

Cointemporary是一个用于展示和出售艺术品的在线平台。在该平台上，单件艺术品的出售时间为10天，在展出期间，它以固定的比特币价格出售。当这件艺术品售出或10天出售时间过去时，平台会展出另一件艺术品。Cointemporary由两位维也纳艺术家Valentin Ruhry和Andy Boot共同创立。

案例五：N3uro

N3uro是一个出售想法的市场。从字面上来讲，该平台抓住了人的脑电波，并出售这些有限的数字版本脑电波记录。N3uro官方网站指出："这些有限的数字版本，是版权和合同的组合方法，而比特币区块链则作为所有权登记的方式。"

案例六：Plantoid

Plantoid是一个区块链机器人，它使用了比特币捐款来复制自己。它聘用艺术家来对它复制和进行改善。基本上，它是一个横跨电子和物理世界的DAO，并提出了有关版权和所有权的问题。它是一项相当有趣的发明，能使艺术品变得"具有生命，能够自我复制和进行创造"。

### 案例七：Blockai

Blockai 宣布他们在种子轮融资中已经筹集到了 547 000 美元来重启区块链版权服务。

在 2015 年成立之初，Blockai 被设想为"比特币的 Netscape 浏览器"，当时 Blockai 尝试将区块链变成一种社交媒体流，允许用户发送信息和鉴证产品。现在 Blockai 致力于打造一种新工具，允许艺术家证明或声明自己对图片拥有版权。

有专业人士认为这是美国国会图书馆注册版权和不作为之间的方法。从技术上看，任何作品一旦完成就可以进行版权注册。只是，如果想要告别人侵权，必须先注册账户。但是在对旧金山湾区作家的采访中发现，只有 10% 的人在美国国会图书馆注册版权，其余的人觉得没有必要注册。Blockai 的目的就是提供优于费时费钱的正式注册的公共数据库注册方式，也就是在区块链上注册版权来证明著作权。

在 Blockai 平台上，你只需要简单的一个鼠标拖放动作就可以进行作品注册，并获得对应的版权证书。如果之后有人不经允许复制你的作品，你就可以给他发送一份版权证书来警告他。

### 案例八：Mediachain

Mediachain 打造图片数字库——通过拖拽、复制粘贴等手段，图像是最容易在互联网上分享的媒体类型。图像会像病毒一样传播，但是其创造者和内容所有者却很难从中受益。Mediachain 试图运用区块链技术解决这一难题。

# 区块链让物联网真正链接万物

传统的物联网模式依然由一个中心化的数据中心（服务器）来负责处理信息，依然依赖中心化的代理通信模式，当接入的节点成数十亿、百亿、千亿计算时，中心化的云服务器恐怕难以承受其负担，且维护的成本很高。同时，节点越多，可能出现漏洞的环节就越多，安全性令人担忧。区块链与物联网结合，则可以为物联网提供安全保障，并起到降低成本的作用。可以说，区块链让物联网真正链接万物。

## 区块链技术可以作为物联网下的基础设施建设

区块链与物联网也是当前炒得很热的一个话题，那么区块链和物联网到底是怎么结合在一起的呢？区块链在物联网领域可以有哪些作为？

首先，我们来认识一下物联网。

### 什么是物联网

先普及一下什么是物联网，物联网这个词我们可以说是如雷贯耳，可是很多人对这个概念依然模糊。

物联网是新一代信息技术的重要组成部分，其英文名称是 The Internet of Things。顾名思义，物联网就是物物相连的互联网。

物联网的核心依然是互联网，是在互联网的基础上进行延伸的网络。它和互联网的差别在于：物联网的链接范围更广泛，互联网的客户端，最开始是PC，后来是智能手机，而物联网的客户端可以延伸至万物，任何物品之间都可以相连。举几个简单的例子：

在饭桌上装上感应器，饭桌可以接收信息，可以上网，可以作为通信工具；医院可以远程监控和调节病人的病情；工厂可以自动化处理生产线的问题；酒店也可以根据客人的喜好调节室内的温度和照明等。

随着信息技术的发展，低成本的信息设备将进入千家万户，连接在互联网上的设备呈几何级数增加。2009年互联的设备全球是25亿台，现在是100亿台，而据IBM预测2020年互相连接的设备将超过250亿台。[○]

那么，区块链和物联网到底有什么关系呢？

### 物联网可能存在的问题和缺陷

传统的物联网模式依然是由一个中心化的数据中心（服务器）来负责处理信息，依然依赖中心化的代理通信模式，不然就是服务器/用户端模式。所有的设备都是通过云服务器验证连接的，该云服务器具有强大的运行和存储能力。设备间的连接将会仅仅通过互联网实现，即使这只是在几米的范围内发生的。

虽然用这样的模式连接计算机已经有几十年的历史了，支持

---

○ http://iot.ofweek.com/2016-12/ART-132209-8120-30081350.html.

小型的物联网网络也没什么问题,但却满足不了日益增长的物联网生态体系的需求。随着物联网技术的飞速发展,当万物都可以连接时,可想而知这个网络有多庞大,仅仅靠一个中心化的云服务器来控制所有数据,问题自然而然就出现了。

第一个问题是成本的问题:当前的物联网解决方案非常昂贵,因为在庞大的网络下,对中心化云服务器的要求非常高,而大型服务器和网络设备的基础设施和维护成本是非常高的,一旦物联网设备的数量增加到数百亿甚至千亿时,成本可想而知。

第二个问题是安全的问题:物联网的安全性存在缺陷,缺乏设备与设备之间相互的信任机制,所有的设备都需要和物联网中心的数据进行核对,一旦数据库崩塌,会对整个物联网造成破坏。

## 区块链技术可以作为物联网下的基础设施建设

物联网是非金融领域与区块链联系最为密切的应用,如果把区块链的优势与物联网相结合,就可以保证设备网络的真实性,节省一些繁杂的环节,降低成本。

区块链具有去中心化、公开透明、安全通信、难以篡改等特点,为物联网提供直接互联的方式来传输数据,降低了中心化架构的高额运维成本。

同样,区块链分布式的网络结构可以提供一种机制,使得设备之间保持共识,无须与中心进行验证,这样即使一个或多个节点被攻破,整体网络体系的数据依然可以运行,是可靠安全的。

## 区块链确保物联网信息安全,保护用户隐私

首先,物联网的安全问题一直都是行业内外非常关心的问题。

### 物联网可能存在的安全隐患

当前的物联网整体还是中心化的,所有的监测数据和控制信号都由一个中央云服务器存储和转发。云服务器收集的信息十分广泛,不仅包括文字和图片信息,还包括所有的摄像头传输过来的视频信号、麦克风录制的通话记录,甚至用户的奔跑节奏、心跳和血压等。不仅如此,根据物联网行业的构想,未来,通过中央服务器转发的信号还可以控制家庭门窗、电灯和空调等设备的开启,甚至远程控制医疗检测等。当万物互联时,节点越多,网络中的薄弱环节就越容易被黑客利用,安全隐患就越多。

为了能让大家有一个更直观的认识,我们不妨用一些案例来说明:

在万物互联网的状态下,一个家庭会有自己的家庭网络,在这个网络内,所有的物品,包括门窗、空调、锁、桌椅、衣柜等,都可以接收网络信号,并且由一个中心化的服务器来控制。那么,不法分子可以通过攻击家庭网络设备中的某些薄弱环节来侵入家用网络,进而侵入计算机来盗取个人数据。想一下,假如有黑客入侵了你的冰箱,获得了你的日程安排表,以及工作、亲友等相关信息,然后入侵网络云盗取你和家人的照片,甚至还能打开你家的门窗,这将是一件多么可怕的事。

在物联网系统中，就算你拥有最好的加密技术、最好的防火墙，也不能说你的系统是100%安全的。因为总是存在比你更聪明的人破解这些加密技术的可能性。另一大问题是用户，并不是每个人都精通技术，也不是所有人都懂得经常更换密码的重要性，由于接入物联网系统的设备太多，用户总有疏忽的时候。非技术型用户就是系统中的弱点，这也会成为黑客的切入点。

另一挑战就是当有很多节点时，就会存在兼容性问题，这也会成为黑客可以入侵的漏洞。

由于网络里的节点多，一旦遭受攻击，要查出问题节点都是很大的难题。以前对于中心化的数据库来说，由于网络里的节点较少，因此中心能够很容易找到出问题的节点。而物联网由于链接万物，对于一个数以亿计的网络而言，这是很大的工程量，几乎不可能不出错。

同时，用户隐私问题也是很大的挑战。

政府安全部门可以通过未经授权的方式对存储在中央服务器中的数据内容进行审查，而运营商也很有可能出于商业利益的考虑将用户的隐私数据出售给商业机构进行变现。在互联网环境下，这些问题都已经出现端倪。在互联网环境下，由于虚拟和现实的界限很明显，用户暴露在互联网上的隐私可能还不是那么彻底，一些重要的隐私可能存在于线下，互联网无法捕捉和泄露。而一旦在物联网环境下，由于万物都互相连接了，虚拟和现实的界限将越来越模糊，人们大量的信息、数据（包括隐私）都将记录在互联网上，一旦被泄露，那将是十分可怕的。因此，人们对隐私安全的忧虑也会影响物联网的发展。

## 区块链的解决方案

物联网的安全隐患，其核心就在于它的中心化。所有的设备都要依赖中心化的服务器来传送数据，都需要和物联网中心的数据进行核对，一旦中心数据库崩塌，会对整个物联网造成很大的破坏。为什么说区块链能够为物联网提供安全保障呢？

首先，区块链可以有效地狙击一些黑客攻击。

黑客是怎么样攻击的呢？在传统的互联网网络里，黑客只要攻击中心化的总服务器成功就可以实现入侵，就好比是办公大楼外的警卫，在人员进入大楼之前会先检查 ID，一旦警卫作弊，可以很轻松地进入。当下物联网中所采用的，也是这种中心化的系统，所以存在黑客入侵的安全隐患。

而在使用区块链的情况下，由于是一个点对点的系统，不存在中心化的服务器，所有节点都是平等的，因此就算成功地攻击任何一个节点，都无法入侵整个网络，除非达到 51% 以上的攻击。类似于进入一栋大楼时，不需要警卫站在楼外，而是需要楼内大部分用户对该人员的身份进行确认，确认无误后该人员方能进入大楼。这种方式显然更加安全，在这种情况下，收买任何一个人，都无法达成进入大楼的目的。

其次，就算有黑客搞破坏，由于区块链分布式的网络结构提供一种机制，使得设备（节点）之间可以达成共识，无须与中心进行验证，即使一个或多个节点被攻破，整体网络体系的数据依然是可靠、安全的。例如，即使黑客侵入了家庭网络中的冰箱，他也只能得到与冰箱相连的那个节点的相关信息，无法得到整个家庭网络中的全部信息，因此带来的破坏性不会太大。

再次，区块链便于溯源。因此，即使某个节点遭到攻击和破坏，通过区块链系统可以很快找到此处问题的节点，并能够及时处理。这既提升了维护的效率，也节省了成本，还可以最大限度地减少损失。

最后，区块链的匿名性，可以有效地保障物联网生态系统内的用户隐私。

总之，区块链在物联网安全这一环节大有可为，很多企业和机构也开始注意到这一点。2017年9月，Bosch、纽约梅隆银行、思科等多家企业与机构建立信任物联网联盟，此外还将设立开源区块链协议的标准，来加强物联网安全性。

## 从万物互联到万物互信，将人工信任变成机器信任

物联网+区块链，一个最大的惊喜就是有望实现从万物互联到万物互信，从而将人和人的信任改变成数据对数据的信任。

区块链技术可以帮助解决"数据互联"中的真实性的问题。作为信任连接器，它不需要机构将数据共享出来，就可以把数据请求、数据提供、数据评价、数据交换等过程信息记录在区块链上，借助区块链这种去中心化的方式来保证这些过程信息的不可篡改性，并永久可追溯。人们提到物联网，往往都是强调它提升效率、降低成本、便捷生活等方面的优势。

但是，一旦它与区块链技术相结合，实现万物互信，就有可能实现更深层次的商业机会。主要体现在如下方面。

## 解决可信云计算的问题

云计算是近几年很热的一个话题,但是,可信计算要求物联网设备获取的数据是真实且不可篡改的,但是这个问题在现有的物联网环境里并没有得到有效解决。

而一旦加入区块链技术,则可以通过设备之间的共识机制和不可修改的哈希值,来确保物联网上信息的真实性,从而真正实现云计算,并应用于各行各业。

## 解决物联网上的数据所有权问题

由于目前物联网设备都是由企业投入资金安装的,因而产生的数据也是留存在该企业的体系里。因此,物联网的协作范围是受到限制的。

而一旦引入区块链,可以将数据登记在链上,所有权明确,方便相互协作。

- 让物联网产生的数据之间可以相互交易。

倘若万物互联仅仅停留在信息传递的层面,那么它的价值显然有限。但是,一旦引入了区块链技术,就可以实现数据之间的高效交易。

物联网本质上是万物信息交换,只有双赢才是可持续的,也就是说数据对于双方都要有价值,才能长久。然而,在实际操作中,人们往往会保有最有价值的那一部分数据,想要互惠互利很难,因此交易效率很低,且要签订复杂的合同。区块链由于能够达成数据与数据之间的互信,交易就容易多了,而且区块链可以搭载智能合约解决数据之间的结算问题,简化数据交易流程。

在商业社会里,信用是基石,一旦达成了互信,数据就可以真正下沉到产业中,为产业服务。

● 区块链与公共设施。

采用物联网＋区块链的方式,可以让很多闲置的公共资源得到利用,例如,利用区块链的技术进行安全、加密、遥控、消费。多重模式进行灯控,通过物联网＋区块链,实现手机和灯具的互联,让路灯在一段时间内受你控制。

这一切,单靠物联网是做不到的,因为除非灯具和手机之间实现了数据互信,否则公共设施被某个人控制将是一件很可怕的事。只有在区块链实现了互信的基础上,这个构想才有实现的可能。

● 区块链民宿、宾馆。

将自己空闲的房间变成宾馆,是一个很好的构想,但是管理起来会非常麻烦,而且一旦遇到不靠谱的房客,将会蒙受巨大的损失。

但是一旦引入物联网＋区块链,就可以将对人的信用评级转变为对区块链地址的信任,房主具有门锁、房内外摄像头的核心控制权,让客户使用可信任的区块链地址即可实现入住,门锁、摄像头也可以临时交给地址所有者在固定时段内控制。退房时,直接采用地址对接退房,摄像头、门锁的控制权归还房主并进行查房,一连贯的操作全程由区块链进行数据交换。不仅可以远程控制,提高了效率,还安全可信。

● 家政领域。

传统的家政家务一般都只能在户主在家时进行,或者只能交给信任的家政公司，即便这样，钥匙的交接也是一大麻烦，也可能出现纠纷。

但是一旦引入了区块链＋物联网，物联网可以实现远程遥控，区块链的数据互信保障了安全，操作就变得简单多了，还不易有纠纷。

区块链＋物联网可以应用的场景真的太多了，这一领域将有无限的想象空间，也将产生大量的创业机会。

## 通过去中心化，降低物联网的运营费用

前面我们提到，当前物联网系统是中心化的，所有数据都要依赖一个中心云服务器来接收和转发。随着物联网规模的扩大，当接入物联网的设备达到数百亿、数千亿时，服务器可能会不堪重负。这将成为物联网发展中的一大瓶颈。

而一旦在物联网中使用区块链技术，就可以采用标准化的点对点通信模型来处理设备间的数据传输和货物交易，将计算和存储去中心化，就可以有效解决物联网的规模问题，同时可以避免因中心服务器故障而导致整个零售网络的崩溃。

科技公司正在试图将区块链技术与物联网结合，二者结合不仅可以解决物联网的规模难题，还可以让所有节点有平等的权益，可以解决不同供应商间的权威冲突，将打通 M2M（机器对机器）间的通信。这会让一些全新的使用案例成为现实。

同时，当前物联网所采用的中心化存储模式，记录和存储物联网的信息都会汇总到中央服务器，而数以亿计的节点将产生大

量的数据,且未来这些信息将越来越多,这将导致运营成本极高。

另外,智能设备的消费频次很低,例如,物联网设备如门锁、LED 灯泡、智能插板等可能要数年才换一次,大量物联网设备的管理和维护将会给运营商和服务商带来巨大的成本压力。

区块链采用点对点通信的方式来传输数据,而不是通过中央处理器,通过分布式的计算可以大量降低运营和维护的成本。同时,区块链的透明化,还可以充分利用分布在不同位置的数以亿计闲置设备的计算力、存储容量和带宽,用于交易处理,大幅度降低计算和储存的成本。

另外,引入区块链技术中的智能合约,还可以将接入物联网的设备变成可以自我维护调节的独立网络节点,通过智能合约来约定规则,这样无论设备生命周期有多长,物联网产品都不会过时,节省了大量的设备维护成本。

## 区块链 + 物联网应用实例

**思科**
思科用区块链系统追踪物联网设备。

**腾讯**
腾讯与无锡市高新区联合成立了国内首个 TUSI 物联网联合实验室。腾讯还与 Intel 签署了区块链合作框架协议,将共同开发区块链技术,用于腾讯 TUSI 物联网联合实验室,以推动物联网应用场景中安全防护能力的建立;并与飞天诚信、握奇、天地融等智能硬件设备厂商共话物联网安全的热点与前景，探索多场景下的移动支付安全。

### 德国新创

Slock.it 运用区块链技术，运用智能锁结合物联网，持有者事先设定智能合约、保证金与收费金额，就可以分享资产、租赁或者出售了。使用者在支付相关款项后，便可开锁使用。

### 联网汽车

让车辆成为巨大的智能应用程序，汽车自动化导航、道路救援等逐年加强。区块链将利用数字网络追踪这些设备，实现车辆间通信和保险条款自动追踪，车辆年检等。

物联网的技术涵盖面广，应用多元，目前仍处于从摸索到测试的发展初期阶段。各种有助于落实相关应用的技术将陆续被提出，为相关业者提供了一个具可行性的发展方向。

### IBM

IBM 是最早宣布他们对区块链的开发计划的公司之一，它在多个不同层面已经建立了多个合作伙伴关系，并展现了他们对区块链技术的钟爱。IBM 发表了一份报告，指出区块链可以成为物联网最佳的解决方案。在 2015 年 1 月，IBM 宣布了一个项目——ADEPT 项目，一个使用了 P2P 的区块链技术的研究项目。IBM 还与三星专为下一代的物联网系统建立了一个概念证明型系统，该系统基于 IBM 的 ADEPT（自治分散对等网络遥测），ADEPT 平台由三个要素组成：以太坊、Telehash 和 BitTorrent。使用该平台，两家公司都希望带来一个能自动检测问题,自动更新,不需要任何人为操作的设备,这些设备也将能够与其他附近的设备通信,以便于为电池供电和节约能量。

### Filament

Filament 公司提出了他们的传感器设备,它允许以秒为单位快速地部署一个安全的、全范围的无线网络,设备能直接与其他的 10 英里⊖内的 TAP 设备通信,而且可以直接通过手机、平板或者电脑来连接。该公司利用区块链为基础的技术堆栈操作,区块链技术可以使 Filament 设备独立处理付款,以及允许智能合约确保交易的可信。该公司成立于 2012 年,该公司近期得到 500 万美元的来自 Bullpen Capital,Verizon Ventures,Samsung Ventures 的联合投资。

### Ken Code-e plug

ePlug 是 Ken Code 的一款产品,根据 Ken Code 的白皮书,ePlug 是一个小型电路板,在使用电源插座和灯的开关时,通过引入区块链技术来验证用户的身份。为了安全性与可靠性,该产品提供了可选的 Meshnet 分布式计算,包括端到端的数据加密、无线连接、定时器、USB 接口、温度传感器、触觉传感器、光线和运动传感器,以及为了提供提醒的 LED 灯等,全部以基于区块链的登录方式来确保安全。一旦输入正确的网络地址、URL,ePlug 所有者会看到一个登录界面,区块链平台将会被用于做登录 ePlug 的身份验证。

---

⊖ 1 英里=1.609 千米。

### Tilepay

为现有的物联网行业提供一种人到机器或者机器到机器的支付解决方案。该公司开发了一个微支付平台,Tilepay 是一个去中心化的支付系统。它基于比特币的区块链,且能被下载并安装到一台个人电脑上或笔记本、平板、手机上,所有物联网设计都会有一个独一无二的令牌,并用来通过区块链技术接收支付。Tilepay 还将建立一个物联网数据交易市场,使大家可以购买物联网中各种设备和传感器上的数据,并以 P2P 的方式保证数据和支付的安全传输。

# 区块链在人工智能领域的应用

区块链可以在人工智能的安全性方面发挥作用，通过区块链的方案，可以在一个分布式的物联网建立信用机制，利用区块链的记录来监控、管理智能设备，同时利用智能合约来规范智能设备的行为。可以说，人工智能可以解决机器人有多大能力的问题，而区块链解决有多大责任的问题。同时，将区块链和人工智能相结合，也可以大大拓展人工智能领域的广度和深度。

## 区块链给人工智能提供安全保障

区块链与人工智能的结合也是当前的一大热点，这二者的结合点在哪儿呢？

首先，我们了解一下到底什么是人工智能。

人工智能（artificial intelligence，AI），是计算机科学的一个分支。简单地讲，它试图让机器产生类似于人的智能，所以称之为人工智能。该领域的研究包括机器人、语言识别、图像识别、自然语言处理和专家系统等。2014年人工智能领域全球投资额为10亿美元，2015年接近12亿美元，预计2020年全球人工智能市场规模超千亿美元。㊀

---

㊀ http://www.jiemian.com/article/1179527.html.

## 智能化 + 物联网

前面我们讲过物联网，未来，人工智能设备与物联网相结合，将代替人处理很多日常工作。例如，汽车可以自动订购汽油、预定检修服务或清洗服务。冰箱可以自动化订购商品，甚至空调和冰箱可以谈判如何错峰用电。

## 智能资产的安全隐患

人工智能 + 物联网能够发挥出的能量超乎我们的想象，这不免让人忧虑它的安全问题。

事实上，这种担心是不无道理的。

因为内置智能合约，因此比特币是一种智能资产，但负责执行比特币智能合约的，是比特币节点。从这个意义上说，比特币只是自带说明书，而操作和使用者，还是外部的存在。所以，严格地讲，比特币只能叫作准智能资产。

那么，什么是真正的智能资产呢？

如果一座房子是智能资产，具有主动执行智能合约的能力，那么它只会为这个房子的主人开门、供水、供电。反之有人非法侵入了这座房子，那么这座房子可以按照智能合约的设定来进行，比如关门、放狗、报警、停水、停电等。

当智能化达到这样的程度时，安全问题有多重要就不言而喻了。

## 机器人的控制权导致的安全隐患

最初，人们对人工智能的理解是，人工智能只能模仿一些简单的人类行为，而涉及意识、情感等领域的更深层面的智能，是机器人永远都无法掌握的。但是，最新的科学研究已经在攻克这类难题。一旦真的攻克，机器人将部分拥有自主意识和感情。这无疑是一件很可怕的事——曾经在科幻电影里所看到的机器人和人类成为朋友的场景，是否会变成现实？

在亚瑟·克拉克撰写的系列小说《太空漫游》中，曾出现一台人工智能机器人——哈尔（HAL）9000。由于它产生了独立于人类的自我意识，并且不希望在太空任务中死去，于是设计杀死了一名人类宇航员，扰乱整个宇宙探索任务。

这一幕，以往在人们的理解上，只会存在于小说或电影中，是不可能成为现实的。但是，随着近年来人工智能的深入发展和重大突破，人们开始不那么确定了。甚至有些专家呼吁对人工智能，限制它在某些层面的发展。关于人工智能最终将对人类产生严重威胁的担忧越来越多。

人工智能到底能否摆脱对人类的依赖，实现自我发展呢？这一问题目前仍未有定论，但是，对机器人的权限控制已经成为极其重要的问题。人工智能发展深入了，什么都可能发生，必须有极其可靠的机制帮助我们给这匹烈马勒上缰绳。

**区块链给人工智能勒上缰绳**

区块链可以在人工智能的安全性方面发挥作用，通过区块链的方案，可以在一个分布式的物联网建立信用机制，利用区块链的记录来监控、管理智能设备，同时利用智能合约来规范智能设备的行为。

有了区块链和智能合约，机器人只能毫无争议地属于其所有者，其行为可以被监管，权限可以得到精细的控制，区块链和智能合约可以限制机器人和其他智能设备的行为边界。

人工智能可以解决机器人有多大能力的问题，而区块链解决有多大责任的问题。

利用智能合约，可以设计支持使用权分级、定期使用权回收、权限禁止等。这些应用的设计，实际上是精致的密码学协议与智能设备控制系统之间的巧妙融合，这将是未来区块链＋物联网＋人工智能开发的一大方向。

## 区块链解决人工智能的信任问题，且可以降低成本

如同区块链可以降低物联网的运营成本，在物联网系统内建立信任一样，区块链和人工智能的结合，也能发挥类似的相关作用。

人工智能也依赖数据，所以数据的来源、质量、隐私都是急需解决的问题。区块链可以保障数据的准确度，亦可以确定数据的归属权，同时还能保障数据的隐私。通过智能合约，可以将数据的提供方和使用方隔离来实现隐私保护。当训练数据时不知道数据在什么位置，也无法将这些数据转卖给别人，且训练模型也是去中心化的，并非在自己的服务器上训练，最后只能看到训练出来的数据模型。

通过区块链，可以建立机器与机器之间的信任，人工智能的使用范围将会扩大。例如，未来有一天，当我们需要跟其他人交换物品时，可以让彼此的机器人代为跑腿，甚至机器人可以帮我

们收快递、付款、收款等。

在算力层面,像 GPU 等各种各样的人工智能芯片,更新换代非常快。人工智能高性能服务器很贵,且更新换代的速度非常快,对于所有人工智能企业都是巨大的成本。而区块链中的去中心化和分布式技术能完美地解决算力方面的问题,能够让人工智能企业的成本大幅度降低。

## 区块链给人工智能领域带来新的机会和可能性

人工智能的概念已经提了很多年,但当前对人工智能领域的研究和实践大都还停留在身份识别、机器人等领域。但是一旦在当中加入区块链,则有可能大大拓展人工智能的广度和深度,我们仅举一些场景来说明。

### 人工智能 + 区块链 + 金融业

人工智能最高颠覆的就是金融业,在美国,已经有大量的金融类岗位被人工智能取代,全球多家银行都开展了智能投顾业务。据报道,根据最新一轮的融资结果,美国智能投顾巨头 Betterment 正式迈入 10 亿美元"独角兽"企业名单。随着人工智能的发展,金融业最终也会实现自动化,直接参与运营的人将会越来越少,人工智能的出现或将令金融行业大多数人的工作重新洗牌。

在这个过程中,安全性将是一个重大的问题,区块链技术的融合,将为人工智能与金融业的结合提供安全保障。

## 智能版权

区块链在知识产权保护方面的作用我们已经介绍过,这当中如果再加入人工智能呢?

当人工智能学会知识产权相关的游戏规则时,它就可以识别侵犯版权的行为人。不仅如此,区块链+人工智能,还可以为艺术家和创作者带来即时支付的方式。

类似于 Verizon 和 Ujo Music 这样的公司正在试图使用区块链来审核许可证和经销产品,例如 Ujo Music 正在使用以太坊区块链平台传播歌曲。

## 智能医疗

区块链+人工智能+医疗体系,从稳健可操作的医疗记录到药物治疗证明,从创造新价值到增强医疗体检,都有着意想不到的结果。

医疗行业+人工智能早已不是新鲜话题,相关的研究项目不少。但是,在数据质量的问题上,总是面对各种各样的麻烦,比如临床医生的错误,黑客的攻击,相同的电子病历因为同时编辑而没有及时更新等。而区块链技术可以有效地解决这些问题,区块链系统上的数据不可篡改,可以记录任何时刻的医疗健康记录。并且具有加密技术,充分保障了病人的隐私。

把人工智能和区块链的医疗健康档案结合起来,人工智能将能通过区块链记录的历史数据及时进行健康提醒,从而在初始阶段根除小病。

### 自动驾驶汽车

人工智能+汽车也是近些年来的一个风口,智能汽车、智能导航、无人驾驶都是近年来的热门话题。这一项目的发展对环保和节能大有裨益,因此也得到了政府的大力支持。

然而,一个问题是,并非所有人很快都可以负担得起昂贵的AI汽车。

于是汽车租赁成为第二佳选择,目前汽车租赁市场也在蓬勃发展。

而区块链技术能够通过减少参与的人员数量,合成所有数据并提供审计线索来承诺简化租赁流程。

除此之外,人工智能+区块链的应用范围,还可以延伸到农业、军事、交通、公共设施等相关领域,可以说前景十分远大。

## 区块链+人工智能的应用实例

### DeepBrain 首轮融资 3 200 万元

人工智能+区块链项目 DeepBrain 成立于 2017 年 5 月,短短 4 个月时间,即获得了金沙江创投、戈壁创投、钱世投资 3 200 万元首轮融资,这亦是号称"独角兽捕手"的朱啸虎在人工智能领域出手的第一个项目。它的业务主要是为硬件厂商提供语义技能商店、AI 人机对话引擎、机器人功能组件、大数据分析及家居互联服务 5 项服务。

### IBM

IBM 正试图将人工智能和区块链技术融合到一起，组成单一的、功能更为强大的模型。

由于区块链技术能够实现几乎无障碍的价值交换，人工智能则有着高速分析海量数据的能力，二者的结合可能标志着一种全新模式的开始。IBM 负责物联网安全的首席架构师 Tim Hahn 一直专注于将区块链技术引入到 IBM 公司的人工智能计算机 Watson 中。

### Matrix 链

2017 年，几位中国科学家主导研发了一个名为"Matrix 链"的区块链，该区块链从底层数据链创新出发，成功引入人工智能，使得该区块链更智能。

当前流行的一些区块链，当一条链研发确定以后其核心参数也就固定下来。但随着服务对象以及外部环境的变化，很多参数都将成为瓶颈。例如，比特币将区块大小设定为 1Mbyte，单次挖矿时间设定为 10 分钟，前期条件还比较宽松，后期随着进入比特币网络的用户越来越多，在线交易十分拥挤，大部分商业密集交易活动均不适合在比特币上开展。同时，由于参数是固定的，所以即使发生了错误，交易也无法撤销。

Matrix 链在智能合约上引入人工智能（AI）模型，可以自动判断交易模型的合理性，并自动察觉交易漏洞。

同时，技术的专业性和复杂性导致使用门槛过高一直是区块链技术商业应用的一大掣肘。而 Matrix 加入了人工智能算法，可以解决很多非线性的和更复杂的问题，大大降低了使用门槛，也因此能够大大提升区块链技术的应用范围。

**铂链**

一家名为铂链（Bottos）的公司想通过区块链的技术搭建一个去中心化的数据交易平台，解决数据交易难题。它是国内最大 AI 孵化生态社区，国内首个券商投资项目。它在 7 月 30 日亮相全球区块链峰会，并在大会上首次公开落地了全球首台区块链机器人，要做中国 AI 界的以太坊。

铂链是基于区块链技术，将人工智能的数据和模型通过点对点网络进行登记发行、转让交易的去中心化网络协议，其通过智能合约帮助人工智能项目简单、快速获取训练数据，通过数据挖矿使得个人数据产生财富价值。这样，一方面可以为 AI 带来更多数据，从而改变数据和模型的可信度；另一方面，在此基础上可以形成去中心化交换中心，从而搭建优质数据流转平台，形成全球最大数据集合池。

# 区块链与新零售的结合

数据在新零售中的意义重大。但是对于商家来说，要获得真实的数据并不容易，区块链去中心化、可追踪、可溯源、永久无法篡改的特性，既可以保证数据的真实性，又可以保护消费者隐私。因此，区块链可以为新零售的实现插上翅膀。

在零售业中，假货泛滥和供应链腐败一直是两大难题，而区块链的数据不可篡改和可追溯性，则可以很好地解决这两大难题。

## 区块链为新零售插上翅膀

当前，新零售是一个非常火爆的话题。那么到底什么是新零售呢？市面上众说纷纭，但有几点是公认的：新零售是由产品中心转变为"消费者中心"，以前是先有产品再去寻找消费者，现在则是根据消费者的需求去生产产品，消费者的地位变得前所未有的重要；此外，新零售要打破线上线下的边界，让线上和线下的数据共享。

那么，在这个过程中，区块链将起到怎样的作用呢？

首先，数据在新零售中的意义重大。但是对于商家来说，要获得真实的数据并不容易，区块链去中心化、可追踪、可溯源、永久无法篡改的特性，既可以保证数据的真实性，又可以保护消费者隐私。

其次，消费者在零售行业中的地位越来越重要。如今，口碑效应甚至超过了广告。流量经济时代，要吸引消费者的注意是一件很困难的事。因此，消费者的分享、转发和推荐，有时往往比广告的效果要好得多。如何让更多的消费者愿意分享？这个话题在零售界已经探讨很多年了。然而，在消费分享领域创业成功的，寥寥无几。

事实上，商家很愿意为消费者的分享付费，消费者也很愿意去分享商品获得报酬，这样两相情愿的事，为什么就是无法顺利开展呢？

其实就是一个是诚信和透明度的问题。传统的技术手段下，数据无法溯源，因此，商家很难准确监测消费者分享的频率和效果，也就无法给出相应的报酬，消费者也就失去了分享的动力。

而一旦加入区块链技术，所有数据登记在链上，无法伪造、无法篡改且可以溯源，那么上述问题就迎刃而解。商家完全可以让消费者在获得高性价比消费体验的同时，还能分享消费红利，从而让"厂家、商家、消费者"真正成为利益攸关的铁三角，成为利益共同体。这必将极大地改变零售业生态，挖掘消费潜能，促进消费需求的大爆发！

再次，区块链还可以通过智能合约为零售提供诚信保障。

随着零售业的发展，线上线下的界限将会越来越模糊，越来越多的交易将在线上进行，越来越多的合同将在线上签订。这个时候，诚信和安全就是一个问题。而一旦引入智能合约，就容易得多了。同时，区块链系统由于是一个去中心化的系统，任何一个节点被破坏都不会影响到整个网络，所以还可以保证合同的安全。

2017年5月，国内最大的B2B平台阿里巴巴1688大企业采购平台与第三方电子合同平台法大大（区块链相关企业）达成合作，在1688大企业采购平台正式上线第三方电子合同服务。

引入电子合同后，1688用户能够在线签署电子合同，通过电子合同智能管理企业采购全流程，从而提升1688平台交易效率。

不仅如此，在大宗商品交易过程中，交易各方可借助电子合同立即进行交易，合同的制定、调整、签订等均可在线进行，交易效率能够得到极大提升，并且确保了交易的安全、可靠，从源头上避免了因电子协议、口头协定等法律效力低下的传统模式带来的法律风险。

最后，理想状态下，区块链可以做到一切数据记录在链上，互链互通、点链直达、高效透明，从生产到流通到仓储所有信息清晰明朗，并且可以追溯，从而有望打通整个零售环节，让用户、终端、企业、市场等全产业链都实现互信。这无疑是一个令人激动的伟大构想。

## 用区块链追溯产品来源，杜绝假货

曾经，百度试图介入农业，其中一个概念是通过网络直播的方式养鸡。这个概念的核心思想就是：人们其实愿意为优质产品买单，只要商家能让他们相信，那确实是优质产品。当前，很多消费者都活在一种"假冒伪劣产品"的恐慌之中，从国外代购奶粉之所以这么火爆，与当前零售领域特别是食品领域的诚信问题有关。

"百度养鸡"这个概念最终水花不大,这其中一个原因恐怕是:视频直播一只鸡的生产全过程,用这样的方式去取信于消费者,这个成本未免太高了!而且,即使采用这样的手段,也并不能让消费者完全信任。消费者依然有顾虑:我如何知道我不在线的这段时间里,鸡到底吃了什么呢?我如何知道你在打包的时候甚至是在打好包之后到底有没有调包呢?通过视频直播从鸡出生到送到消费者手里这个全过程,几乎是无法操作的。

而一旦加入了区块链,通过区块链去溯源,这个问题就变得简单了。

微软以及许多其他技术公司目前正努力研究将区块链应用于产品溯源。从理论上来讲,一旦这项技术能够成熟化并且落地应用,消费者能够使用他们的智能手机来扫描特定商品,然后查看这件商品从出厂到上架销售所经历的所有历程。例如,消费者可以查看"新鲜水果"从农场采摘后到上架销售的全过程,以及它们是否曾经冷冻保藏过。再例如,利用区块链技术,可以展示一件商品(例如 T 恤)是在哪里、何时以及如何生产并运输到你面前的。

当前,有机蔬菜、散养鸡、无饲料养猪等概念都有人炒作,事实上很多消费者也愿意为了优质产品付出合理的价值,但是涉足这些领域的商家却无法获取消费者的信赖。而这正是区块链技术发挥作用的地方。

区块链作为一种分布式账本,让伪造变得非常困难。从供应商、制造商到运货商,为每一个产品清单来源添加可验证记录,区块链给供应链中这些操作的合法性提供了可能。

在奢侈品领域,区块链溯源的意义就更为重大。它将会让爱马仕、LV等名牌的以假乱真变得困难,同时也让原产地标注和产品安全追踪变得更容易。

不仅如此,区块链还可以改变整个二手交易市场。

人们在交易二手物品时,最担心的就是诚信问题:电脑、手机是否是原装的?车子的重要配件有没有被动过?衣服、包包是不是真的名牌?这些都是人们在交易二手物品时所顾虑的问题。一旦区块链技术让这些难题得到解决,可想而知将带来二手交易市场的空前繁荣,同时也将促成"良币驱逐劣币"的健康发展局面。

## 区块链助力供应链改革,根治供应链腐败

对于零售业来说,当前最可行的应用就是用区块链改造供应链。

### 根治供应链腐败

永辉的一位负责人曾经表示,中国零售发展的最大问题是腐败。永辉通过内部采购供应链数据对标,发现了不少腐败现象,通过对这些腐败现象和人员的处理,供应链效率和收益率大幅度提高。

人都有贪婪的一面,在巨大的利益面前难免铤而走险,因此仅仅靠制度管理是很难根除供应链腐败的。

但是一旦引入区块链技术,由于区块链可以去中心化存储,且所有数据网络内的全部节点都能共享,非常透明,而且区块链的数据很少发生错误且不可篡改,这样就可以从根本上杜绝供应

链内部腐败。

**减少库存和产品过剩**

传统技术手段下,无论仓管人员多么尽职尽责,即使是在所有产品全部电脑入库的情况下,依然难以保证做到每一件产品的进库和出库都准确无误。所以,在很多企业里,一样商品因为压箱底而错过最佳销售时间,甚至过了几年才被翻出来的现象并不少见。

同时,在当前的环境下,供应和需求很难做到完全对等,即使有市场调研,即使互联网可以提前"预售",即使有大数据的协助,要做到供应平衡依然是一件很困难的事。例如,市场调研可能存在做假,获得的数据也未必真实。

但是一旦引入了区块链记录,区块链可以记录客户的消费习惯,由于这些数据是不可篡改且可以溯源的,因此准确度极高。通过这些准确的数据,就可以统计并分析出更为合理的客户需求,更为科学地了解市场,对市场的变化及时做出反应,避免出现产品过剩的现象。

经过30多年的发展,中国物质基础已经极大丰富,出现了生产过剩。信息不对称是导致生产过剩的重要原因。

区块链技术使信息透明化,而且销售商与生产商直接联系将大大降低中间成本。

**减少恶性竞争**

中国消费市场庞大而复杂,关系网络纷繁交错。由于不透明,所以存在一些分销商恶意削价、窜货、掺假等行为，整个零售业也呈现出同质化和同行恶性竞争加剧的局面。

区块链的去中心化可以增加透明性，在一定程度上解决信息不对称问题，减少恶性竞争。

## 防伪

供应链防伪一直是零售业的一大痛点，品牌商往往投入巨资进行防伪。有数据表明，奢侈品行业公司每年在防伪方面的投入大约是其营业额 1.5%。例如，LV 在 2015 年销售额为 300 亿欧元左右，意味着其在防伪领域支出为 4.5 亿欧元。信任一直是品牌经营者和消费者之间的障碍。

目前防伪技术主要关注前端防伪，也就是二维码、RFID（射频识别技术）等，但由于商品信息只能从芯片或者中央数据库中读取，这些防伪技术也面临着芯片读取内容被复制和后端验证数据库被攻破的可能性。因而前端防伪技术只是提高了造假成本，却无法抵挡对奢侈品这样高附加值商品的伪造。

供应链是商品生产和分配所涉及的所有环节，包括从原材料到成品制成再到流通至消费者的整个过程，可以覆盖数百个阶段，跨越数十个地理区域。而且，供应链的产品数据都分布在各参与方中，比如生产、物流、销售等环节，信息都是割裂的。因此传统技术手段下，消费要进行数据追踪几乎不可能。

而一旦有了区块链，只要给每个商品植入一个芯片，将商品注册到区块链上，使其拥有一个数字身份，再通过一个去中心化的账本来记录这个数字身份的所有信息，就可以达到验证效果，公开透明且无法做假。

**区块链实现供应链自动化管理**

客户希望知道购买的商品的供应链信息，例如消费者希望知道食品的生产、加工、经销、仓储、运输过程，以及原材料的来源等，整机集成商希望知道部件的厂商、渠道来源等。采用区块链，可以登记每个商品的出处，提供一个共享的全局账本，追踪溯源所有引起变化的环境。

## 区块链+零售的应用实例

**追踪食品来源**

英国一家软件初创公司 Provenance 使用区块链技术，建立食物来源的真伪鉴别机制，其正在测试从印度尼西亚捕抓的金枪鱼运到日本餐厅的项目。团队试图在区块链上记录全球零售供应链上的每一个最新事件，并且能够让消费者实时检索。通过扫描超市中每一个金枪鱼罐头上的二维码，就可以知道里面的金枪鱼在何处捕捞、由谁认证、在何处被制成罐头，每一步骤都有不可更改的时间戳证明。

**真品认证和交易记录**

Chronicled 成立于 2014 年，致力于保障产品的真实性。

Chronicled 开发了一款电子标签，电子标签中写入了基于区块链记录的密钥。戴上标签的鞋，在由 Chronicled 搭建的网络中有了认证的身份,一切交易信息都将被记录并完全公开。这一服务的目标客户包括运动鞋收藏者、零售商及品牌商,旨在为越来越火爆的球鞋市场打造安全、可追溯的交易平台。按照 Chronicled 的构想,这一应用将从玩家市场开始,逐步覆盖到实体零售商以及各大品牌。

**解决零售业生产过剩**

萨里大学研究员 Phil Godsiff 认为,英国生产的一半食品都被浪费了,全球食品浪费量在 30% 以上。零售商想要提供充足食物的目标,导致了食品供应的浪费。消费者对食品安全要求提高,对食物生产信息细节的需求也在增加。在食品供应链中使用传感器和区块链技术,既可以减少食物浪费,也可以让供应链上的食品数据更加透明。零售商可以将产品销量等信息通过区块链技术记录在账本上,生产商可以据此安排生产。

**IBM 将区块链应用于中国医药零售业**

IBM 与中国禾嘉股份有限公司推出基于区块链的医药采购供应链金融服务平台,以助力提高供应链金融的安全性、透明性和可操作性。该平台是使用超级账本 Fabric 开源项目的许可区块链平台。Fabric 基于开源的区块链架构打造,是 Linux 基金会发起的五个超级账本项目当中的一个。

目前,该平台由禾嘉与包括一家药商、医院以及银行在内的多个参与方进行商业交易。

在中国,由于中小型药商自身信用体系不完善,以及传统金融缺乏针对中小企业的信用评估和有效风险控制机制,它们往往很难获得融资。药品经销商将药品按合同交付给医院之后,一般需要60~90天才能收到货款。中小型药商由于信用记录不完备,又无法提供符合融资标准的抵押品,因此难以从传统金融机构获得贷款支持。

通过对药品的供应链全流程进行追踪和交易记录的安全加密,保证了业务数据的真实性,有效地降低了融资机构贷款风险。总的来说,该平台大幅减少了供应链上下游的资金周转时间,缓解了中小型药商的融资困难。

IBM中国研究院院长,IBM大中华区首席技术官沈晓卫博士表示:"区块链为节省商业交易所需的时间和成本带来新的可能,正在带来商业模式的变革。IBM基于开源的企业级区块链平台提供了可靠的企业级区块链解决方案,推动区块链在更多领域的应用,助力更多企业构建区块链生态体系,打造更为高效的商业环境。"

另外,禾嘉计划于7月进一步扩展平台业务,把更多的药商、医院和银行纳入其中。

**全新的支付手段**

美国初创公司R3组建了一个区块链联盟,试图做一个全球的去中心化的实时结算清算系统。如果使用区块链技术,理论上就可以实现实时结算和清算,相当于一个全球的支付宝体系。

### 物流追踪

国内一家开发区块链技术的公司认为，通过区块链技术创建共识网络，能直接定位到物流中间环节的问题所在，同时确保物流信息的可追踪性，并有效促进物流实名制的落实。

### 沃尔玛运用区块链保障食品安全

沃尔玛希望通过区块链，将"从农田到餐桌"的过程透明化，从源头保证食品的安全。自2016年10月以来，沃尔玛已经运用区块链技术开展了包括优质肉禽计划、食品供应链预测分析、全国儿童食品安全守护行动等在内的多个项目。

此外，沃尔玛还宣布将与IBM和清华大学合作，共同探索利用区块链技术实现高效的食品溯源解决方案。

### 航运公司用区块链技术追踪货物

世界上最大的航运公司马士基已经开始尝试使用IBM的区块链技术跟踪货物了。

对于马士基而言，区块链技术使得这一航运巨头能够实时查询在全球各个地方的货物。所有与货物有关的人士都可能在任何地方、任何时间得知相关信息。

马士基称，以前一个巨型轮船从东非航行至欧洲，通常需要经过30个人的批准，在一趟航行中，该货轮通过信件往来报告相关信息，信件往来可能会达到大约200次。通过使用区块链技术，马士基可以摆脱所有的纸质文件，从而使得整个航运过程更加通畅和迅速。

### 防伪

一家叫唯链的公司,为很多公司提供区块链注册服务。例如上海外高桥进口商品直销中心,这个公司进口了中国80%的红酒。唯链还和蒙牛合作,进行奶粉溯源验证,和美国马会合作,将NFC芯片放在马脖子里,防止马匹被调包。

将区块链用于供应链管理在海外已有不少案例,比如伦敦Everledger公司正在将钻石登记在区块链上,Everledger搜集每颗钻石的40个特征,生成"钻石的数字指纹",已经登记了98万颗钻石。

# 区块链在人力资源领域的应用

近几年来,"组织扁平化"和"合伙人制度"是人力资源发展的一大趋势。"组织扁平化"和"小组工作制"实际上就是通过"多中心化"来替代过去的"层级制",从而提升人力资源管理的效率,这和区块链的"去中心化"不谋而合。不仅如此,区块链与人力资源结合,还能起到节省人力、打击履历造假、提升招聘效率等多方面的作用。

因此,虽然区块链在人力资源领域的应用是近一两年才走进大众视野的,成熟的案例不多,但却被业界非常看好,未来这一领域的应用拥有十分广阔的发展空间。

## 区块链 + 人力资源拥有无限发展空间

区块链 + 人力资源的应用是近一两年才走进大众视野的,虽然对于这一领域的应用还没有达到白热化的程度,但是,区块链可以与人力资源结合的点非常多。未来这一领域的应用将拥有无限潜力。

### 区块链的去中心化与人力资源发展趋势不谋而合

区块链的一个核心特点就是它的去中心化。恰好,这也是未来人力资源发展的一大趋势。

过去,企业组织结构一直都是层级式的,呈现集权式的特点。

往往是最顶端有一个总经理,下面有区域总经理、总监、各部门经理、主管、基层员工等。这样的组织结构不仅决策效率很低(需要一层一层审批),还容易形成官僚化作风乃至腐败,打压基层员工的积极性。

所以,近几年来,"组织扁平化"和"合伙人制度"是人力资源发展的一大趋势,当前比较热门的公司,例如小米、华为、万科等都在提倡这种模式。这种模式本质上就是部分去中心化——中心的作用在减弱,围绕在中心周围的小团队的话语权在加强。

但是这种模式实施起来并不是那么容易的,去中心化一旦操作不好,就容易乱。没有了中心的协调,团队之间如何达成信息透明化,如何达成高效沟通和友好协作?

我们会发现,由于区块链是点对点之间的通信,且具有数据透明化,所有节点都可以共享,因此在人力资源组织变革这一领域大有可为。

具体说来,区块链 + 人力资源还可以运用于以下这些领域。

节省一些人力

随着科技进步,未来智能设备通过物联网能帮助用户自动化处理一些日常工作,缺少某些日常用品时能自动收集信息并购买。通过区块链技术,可以在分布式物联网上建立信用监督机制。利用区块链的交易信息记录来查看智能设备是否工作,也可利用智能合约来约束智能设备的行为,这样就可以节省很多人力。

### 彻底打击学历履历造假

无论哪个行业、哪个领域的招聘，不确定性最大的就是候选人的资历真实性，这项流程耗费的时间和成本也很大。因此现实中，大多用人单位选择不去审核证书及履历。如果将所有信息保存在区块链里，候选人可以授权信息访问，就可以避免繁杂的流程，达到更精确的核对效果。

学习机器技术（Learning Machine Technologies）和麻省理工学院媒体实验室联合开发了 Blockcerts 钱包 App、Blockcerts 钱包 App 让毕业生轻松访问可验证的防篡改的毕业证，并与潜在的雇主共享。

麻省理工学院已经进行了首次测试，2017 年夏天试点项目中的 111 个毕业生已经通过区块链系统获得证书。未来，即使服务供应商不存在了，麻省理工颁发的正式学业成绩格式也可以永久保存。

澳大利亚墨尔本大学也正在测试一种基于移动设备的系统，用于在区块链上发布和维护所有者的学历证书。而这些工具基于 Learning Machine Technologies 和麻省理工学院媒体实验室共同开发的 Blockcerts 区块链证书开放标准。通过将凭据数据存储在区块链上，在特定的时间点上，该信息将被关联到某个事务节点上，来降低证书造假风险。

### 企业流程再造

企业在交易过程中，交易方都希望透明简化交易过程，尤其是采购方希望节约交易成本，想要设立一个自动化交易过程，比如全款支付、支付部分金额、补贴、罚款等，但是在交易过程中多方会参与进来，例如银行等金融机构、采购方、物流公司、供应方等，这就需要对整个交易供货流程有完整记录。

而区块链技术能实现透明公开的交易，会把整个交易信息都记录在总账本上，交易涉及者都能够监管记账，提高交易效率，降低交易风险。

### 改造招聘

除了证书造假，背景调查也是一项让招聘者头疼的事情。

很多小型公司依赖于和候选人指定介绍人的几通电话或者电邮，其限制性很明显。大型公司有时会直接或通过第三方进行更多背景调查。

确认候选人背景的可信度需要接触多个不同的信息源，特别是候选人曾经的雇用时间及地点。现在任何人都可以随便说在哪里工作过。

而一旦有了区块链，了解候选人背景就很容易了，因为区块链可以溯源。

当然也有合理的担忧，尤其是隐私性。相关信息本质上是私人的，在很多国家受到严格监管，然而只要个人许可，还是可以安全地在区块链上发布信息，让个人只与自己授权的对象分享信息。

## 区块链+人力资源的应用实例

**好活：灵活用工**
国内最大互联网灵活用工平台好活已经尝试将区块链技术

引入互联网灵活用工应用,解决平台数字资产保障与智能合约签订等信用问题。这也是首家支持区块链技术的灵活用工平台。

所谓灵活用工,本质是企业业务与人力资源的共享众包行为。而好活平台采用的是独特的 B2B 共享灵活用工。具体而言,"有活缺人"的企业将业务共享出来,由"有人缺活"的企业或团队接取完成,企业根据业务完成情况支付佣金。

在引入区块链技术后,数字资产分布存储在平台,所有用户、雇主可以随时通过公示或查询等渠道,了解其预存情况和平台佣金支出情况。由于这个数据在区块链平台无法被篡改,可以很好地解决雇主的信任问题。

同时,雇主在好活平台发布任务,接活企业和团队以及执行师傅之间,通过区块链签订智能合约,保障双方的劳动关系。平台和雇主无法更改任务信息,保障团队和执行师傅干完活后,审核通过的任务可以即时领取佣金。

### ChronoBank

该公司的目标是创建一种不同的方式来让人们找工作并获得薪酬。而且通过这样的方式,实现了一种去中心化的框架,无需传统金融机构的参与。

该公司发行了一种由真实劳动力背书的代币 FH,并使用了一个系统来确保人们能够为付出的劳动而获得薪酬,而且用了一个系统来在以太坊和其他区块链上提供可持续和稳定的代币。Chronobank 使用著名的人力资源企业来确保劳动力时间代币的供应，本质上创建了一种传统银行的替代方案，这种新的替代方案更加低廉，而且更加透明。

**企业福利**

有团队正在开发针对企业福利的区块链 SaaS 应用，计划在企业的福利供应链、互助保险、办公及人力资源共享等方面发行代币，该项目即将开启众筹。

**甲骨文**

著名企业甲骨文正在投入重资研究区块链在人力资源领域的应用。

这家全球数据库巨头正在探索如何利用区块链完善内部工作流程。

2017 年 4 月 27 日，美国专利商标局（USPTO）发布了题为"高标准可持续的工作流程管理模式"的申请。这一申请的首次提出是在 2016 年 9 月，它详细说明了"区块链流水线设计模式"作为产品交付流程中分布式信息点的使用细节。

这份申请出自甲骨文的软件架构师邓肯·米尔斯之手。这篇文章关注的是利用区块链技术提供透明度，并以此作为一种方式，记录每个员工在某一特定工作流程中所做贡献的数据，包括工作是如何进行的以及员工下一个任务的实时需求是什么。同时，它进一步提供了中央数据存储访问遭遇故障时的应变机制。

# 区块链在广告及传播领域的应用

移动互联时代,社交化媒体出现,人人都可以制造信息,也可以传播信息,人类社会进入自媒体时代。这在给社会化传播和人类生活带来诸多便利的同时,也带来了监管上的难题,造假侵权现象屡屡发生。区块链与传媒的结合可以很好地解决这些问题。

在数字广告领域,透明度的缺乏正在危害该行业。而区块链的公开性和可追溯性让"水军"无所遁形,造假变得困难,让数字广告业更加良性地发展。

## 区块链公司正在试图颠覆全球内容传播乱象

事实上,互联网的出现,已经对传播领域进行了一次颠覆。在互联网出现之前,即大众传媒时代,信息传播是中心化的,信息源往往掌握在少量媒体手中,大众无法制造信息,也无法传播信息,只能被动地接收信息。

互联网的出现彻底颠覆了这一格局,移动互联时代,社交化媒体的出现,导致人人都可以制造信息,也可以传播信息,人类社会进入自媒体时代。

那么,如果在传播领域再加上区块链呢?将会给传播领域带来怎样的改变?

### "版权为王",内容制造者将得到尊重

在互联网时代,由于信息复制粘贴的成本实在是太低了,因此侵权现象十分严重。在这种情况下,内容的制作者往往处于产业链的最底端,其权益得不到保障。大部分利益被那些大型平台、网络推手等获取。

而一旦引入了区块链技术,则可以通过不可篡改的数字签名、可信时间戳,很便捷地为原创新闻作品提供者确权,并提供跨平台的版权交易和数据增值服务。

由于区块链上的信息可以追溯,可以利用区块链构建一个更完备的侵权监测系统、证据保全系统,最大限度地识别侵权行为。由于区块链的高效,可以让新闻同时在多个平台发布,并大大降低版权使用的费用;在区块链上,还可以建立版权自助交易平台,让作者们最大限度地享受到作品的版权收益;可以实现打赏去中心化,还可以跨境支付。

### 去中心化,减少平台操控

虽然新闻领域的去中心化目前受到政策法律的影响,实现起来比较困难,但却有着诱人的前景,例如:

在区块链网络里,可以在全球范围内建立虚拟编辑部,实现跨区域的信息传递,信息传播更全面、更及时。

区块链的身份验证功能,让每个人都可以在链上制造并传播信息,一旦被采纳可获得报酬,从而大大降低新闻线索搜寻成本和新闻采编成本。这比任何爆料都更及时、更可靠,因为必须是

被链所验证了的信息才可以获得报酬,为了利益人们不会轻易造假,因此可靠性大大提升。同时,区块链的匿名性还保护了用户隐私,人们的参与度更高。

媒体传播的各个环节都可以搬上区块链网络,打通媒体全环节,提升各区域、各部门的合作,大大提升效率。

### 给媒体提供信用保障

网络自媒体虽然给人们提供了大量的信息,但其中虚假的信息也特别多,耗费了人们大量的甄别时间,也降低了媒体信息的信用度。

将区块链技术运用于传播领域,可以给媒体提供信用保障。

例如,网站、论坛、博客、微博、微信公众号、即时通信工具、网络直播、各类应用 App 的出现,让所有普通大众都具备了制造信息和传播信息的能力,也带来了一系列管控难题。

运用区块链技术,可以给每一个合法的自媒体注册唯一的数字身份,通过区块链网络记录该数字身份的所有信息。这样的方式,既保障了安全,也保护了隐私,因为在区块链上信息虽然是公开的,但身份却是匿名的。

还可以邀请区块链网络上所有用户参与评分,通过一定的算法对各种媒体的信用度进行管理,并向全网公布,提高其违规成本,让大家自我约束。

甚至还可以通过智能化合约或者区块链网络内的民主投票,使信任度低的自媒体账号直接关停。

### 促进传播生态系统的形成

借助区块链技术，区块链网络内的所有信息和交易都可以做到不可篡改，可追溯，且信息都是公开的，任何一方想要了解另一方的信用信息都很容易，想要评估其产品和服务的质量也很容易。这使得花钱删除负面评价、请"水军"刷好评、抹黑竞争对手等操作难以实施，因此可以帮助打造一个更良性的传播生态系统。

信用的建立，也可以大大提升媒体和传播平台的价值，平台可以借助区块链技术打造一批区块链应用场景，培育一批区块链创新企业，形成一批可推广的商业模式，使媒体自身成为资源聚集的平台、服务增值的平台，玩转生态。

## 区块链让数字广告业更透明

区块链对数字广告的影响，已经引起了很多行业内人士的关注。区块链与数字广告的结合，我们可以简单地探讨一下。

### 促进数字广告的去中心化

在数字营销领域，谷歌、Facebook等中心机构将投放广告的客户与点击广告的受众联系起来。不仅如此，一些小网站和小型传播平台甚至是从这些中心化的大平台接单，其操作方法是：广告投放者将需要投放的广告交给这些大平台，这些大平台交给那些小平台去发布；广告商跟大平台结算费用，大平台再将费用返还一部分给小平台。为什么要通过中间的那个大平台呢？主要是因为客户对这些小网站不信任,所以需要一个中间商来提供信用背书。

而一旦引入区块链技术,由区块链来构建智能信用,就可以省掉中间环节,减少中间商的盘剥,使得利益提升,也使得传播者能更好地为客户服务。

Forrester 的分析师估计,如果广告发布者去掉了中间代理商,那么他们可以更好地优化千次曝光价格(CPM)。

更进一步讲,企业甚至可以跳过传统的广告购买流程,直接向那些观看广告的目标群体支付费用。

### 提高广告业的透明度

在数字广告方面,透明度的缺乏正在危害该行业。

例如虚假点击,有些平台为了获取更多的收益,会采用一些技术手段进行数据造假,甚至雇用机器人或者"水军"来点击广告。有研究表明,仅计算 2016 年,就有超过 70 亿美元的花费用在了机器人点击上。

而一旦运用了区块链技术,由于区块链的数据是公开并且加密的,企业可以非常方便地判断出观看广告的人是不是他们的目标用户,让造假变得困难。企业只会根据网站的真实点击量付费,从而构建一个可信任的广告空间。

### 精准定位目标客户

运用区块链的信息公开性和可追溯性,企业还可以建立很精准的蓝海数据库,收集消费者的各种真实数据,包括年龄、性别、薪资水平、开什么车、喜欢哪类饮食等，从而让广告的投放更加精准，将广告只投放在那些最有可能购买产品的用户身上。

## 应用实例：第一个基于区块链技术的"广告链"

> 区块链在广告业的应用目前还处于初步尝试阶段，相关落地案例还很少，不过2017年已经有公司在尝试了。
> 
> 位于洛杉矶的广告科技初创公司MetaX已经推出了声称是第一个旨在协调数字广告供应链的区块链协议，被称为AdChain（广告链），其目的是消除欺诈，提升透明度，提高效率，从而为广告生态系统带来重大收益。
> 
> 该协议是第一个能允许广告供应链中的参与者在无欺诈和无恶意软件的生态系统中进行合作的区块链解决方案。该平台还提供完整的透明度，允许品牌和广告的购买商访问与广告影响相关的所有数据。同时，广告商还会得到包括媒体和参与者详细广告审核跟踪的数据。
> 
> AdChain（广告链）还存储了如印象、点击率和受众细分等信息，广告分销商可以在广告交易平台中找到目标受众群体，并访问来自数千家发布商的广告资源。
> 
> 目前，AdChain（广告链）正在与一些合作伙伴进行私密的试水测试，MetaX公司希望该项目是具有公益性的，通过基金会运营并鼓励更多的公司使用它。

# 区块链在公共事业领域的应用

哪里有信任问题,哪里就有区块链的用武之地。关于区块链,最激动人心的构想,是利用这一技术来打造社会信用体系。按照理想化的预测,人类有机会利用区块链打造契约社会,建设一个全新的社会信用体系。

将区块链与人工智能结合,可以使闲置的社会资源得到最大程度的利用,提升公共资源(如电力等资源)的利用效率,还可以构建智慧医疗、智慧交通等,打造真正的智慧城市。

将区块链运用到涉及身份验证的领域(如身份证、学历证明、房产证),可以极大地提升效率和安全度。甚至在投票领域,也可以利用区块链提高透明度。

可以说,未来区块链在公共事业领域的应用,可能比它在商业领域的应用更加激动人心。当前有很多国家和政府已经在思考和实践此类应用。

## 区块链将构建全新的社会信用体系,打造契约社会

前面我们讲述了区块链在商业社会中的种种应用。但是,未来区块链的影响可能不仅仅局限于商业领域,而会拓展到整个社会。可以说,哪里有信任问题,哪里就有区块链的用武之地。

可以毫不夸张地说,数学(算法)是全球文明的最大公约数,也是全球人类获得最多共识的基础。如果我们以数学算法(程序)

作为背书，所有的规则都建立在一个公开透明的数学算法（程序）之上，就能够让所有不同政治文化背景的人群获得共识。[一]

关于区块链，最激动人心的构想，是利用这一技术来打造社会信用体系。按照理想化的预测，人类有机会利用区块链打造契约社会。

### 构建社会信用体系

区块链可尝试以城市为试点建立信用信息共享平台，逐步提高信用信息的公开和应用水平，从而构建守信者受益、失信者受限的全新社会信用体系。

通过失信"黑名单"归集、信用监测数据定期公布等，构建一个公开透明、不可篡改的社会信用统一数据库。

推出信用云、媒体公信指数、智能合约平台等，大大降低企业、个人、非企业法人（政府机关、事业单位、社会团体等）等之间的交易信任成本。

推进媒体信用监督体系建设，推出信用数据流转监控、信用评估、信用保险、信用管理咨询等服务。

### 区块链将影响法律体系

未来，区块链可能会像现在的互联网一样，在社会的方方面面得以大规模应用，关于区块链的基本知识会成为我们这个社会的生活常识。

---

[一] 梅兰妮·斯万. 区块链：新经济蓝图及导读 [M]. 北京：新星出版社，2015.

法院可能要处理大量的"区块链世界"里面的纠纷，同时区块链作为工具和应用从很多环节改变了现有的法律体系和流程，区块链的不可逆、无法篡改、可追溯性，都有可能被应用在法律领域，先进的时间戳可以实现新的公证方式。

智能合约可以用于仲裁，甚至大量简单的合同和协议不需要仲裁，可以完全基于机器的自动化履约和兑现，由机器强制执行、透明公开，这将减少很多纠纷。利用区块链技术，在部分层面可以实现智能"法制"，不需要人为干预，或者干脆无法干预（例如，智能合约到了约定的时间就自动执行）。

## 区块链与人工智能结合，构建智慧城市

区块链在信息透明化、身份验证、隐私保护等方面的独特优势，可以应用于公众事业管理中，与人工智能相结合，打造智慧城市。

我们以如下几个方面为例来说明。

### 打造智慧交通

2017年12月12日，由交通运输部、中国互联网交通运输产业创新联盟等相关部门与企业共同发起了面向交通运输产业的区块链网络——交通运输链。

它的主要目的在于结合互联网、物联网等传统网络技术，并借助区块链技术的多中心化、安全可信、智能合约等特性，连接交通运输产业中的政府、企业等行业主体，车辆，船舶等运输装

备、道路、桥梁、场站等基础设施,构建现代交通网络。

交通运输链将实现新的交通运输产业数据共享流通信任机制,实现新的边缘设备间点对点服务交换可信网络,实现新的交通运输产业主体协作模式,并在保证数据流通公开透明的基础上,保障数据资产权益,提升智能交通运行效率,释放综合交通运输的信用成本。

虽然目前尚在启动阶段,但已经可以提供行业主体上链认证、主体身份属性鉴权、行业资产数字化与追踪、行业资产流通智能合约等服务。例如,在平台上对注册用户进行上链认证,一旦注册就不可更改,同时也对服务平台间的资源使用信息进行打包注册上链,确保主体在平台上的行为的可追溯性,让平台自身透明。

## 打造智慧社区

区块链+人工智能+物联网,有望帮助我们打造一个智慧社区,便利人们的生活。这个领域的切入点有很多:

可以推出社区知识库应用,任何接入区块链的用户可以查看社区人口、土地、交通、管线等相关情况,同时由于区块链的加密性,可以保障数据只有该社区的居民可以看到,不会外泄,以保障社区安全。

可以利用区块链的匿名性、信息透明性,推出业主投票应用,使业主真正参与到智慧社区的管理中来。既公开公正,没有暗箱操作,又因为它的匿名性让大家都敢于说真话。

可以推出社区"一卡通"应用,利用区块链技术唯一且不可篡改的身份识别码,接入物联网和云平台中,实现智能门禁自动开锁、餐厅点餐刷脸买单等功能。

可以通过区块链的身份识别和加密保护的功能，借助智能锁，推出社区短租房、社区免押金租车应用，使闲置房间、车辆得到利用。

### 打造智慧能源

可以推出智慧电网应用，以分布式智能决策替代传统的区域电网中心化调控机制，构建更加灵活、简便、低廉、精准的点对点能源交易系统。

### 打造智慧医疗

可以结合区块链技术推出智慧医疗服务，为社区医院绩效管理、医生合理用药、医保控费等建立公共账簿，为社区居民建立容纳个人基本信息和所有历史诊疗信息的电子诊疗卡账户。

Gem Health、Bit Health 等技术公司正推出电子健康病历（EHR）、DNA 钱包等应用，将患者的电子病历等安全存储在区块链上。任何机构和个人获取相关信息需要向患者本人或授权人申请，才能获取私人密钥。这有效解除了用户在指纹数据、基因数据保护方面的担忧。

## 运用区块链构建更民主、更便捷的投票系统

区块链技术还可以使用在政府层面，为政府和社区提供解决方案，让结果更加公平、更加可预测和更加透明。

这一届美国总统大选非常轰动,甚至闹出了重新计票的闹剧。在此我们并不是质疑美国大选的公正性,而是关注投票的透明性、安全性等问题。

美国大选采取的并非是直选模式,而是选民选举"选举人",由选举人间接选出总统。美国全部"选举人票"共538张,所以总统候选人只要赢得538张选举人选票中的270张,就算赢得大选。

但是,实际参与投票的选民占人口总数的比例在一定程度上可能会影响大选的结果。在美国,这个比例自1908年以来从没有达到过65%,奥巴马首次当选总统的2008年,这个数字只有57.4%。欧洲国家投票率一般都会保持在70%~80%。

为什么会有那么多公民放弃投票权呢?除了政治上的原因,投票点很少,投票需要排很长时间的队,也是很多公民放弃投票的一大原因。此外,美国要求投票选民有相对稳定的收入、固定的住所,这对流动人口来说又成为一个限制。而每一次注册都需要经过复杂的程序及诸多证件审查,因此一部分流动人口因为想省事儿没去注册就丧失了投票的资格。

由此可见,现有投票模式所造成的不方便,也会导致很多公民放弃投票。

而一旦采用区块链进行投票,一方面可以免除地域空间上的限制,使得选民可以在家、在工作地点便捷地完成投票;另一方面,在区块链平台每个人都拥有属于自己的专有ID,与大数据结合就可以在这个ID里写入更多关于纳税记录、工作及财产等信息,这些信息就可以在线完成再登记程序。在这种情况下,即便是流动居民,投票的程序也没有那么烦琐。

将区块链应用到选举领域，除了确保安全和公正外，也会提高选举过程的便利性。而选民不用再投入更多时间和精力的话，参选率就必然会提高。众所周知的是：样本数据覆盖越广，得出的结果也就越精确。因此，用区块链投票能最大程度地体现民意。

全球股市巨头纳斯达克于 2017 年宣布，它正在开发一种基于区块链技术的股东电子投票系统。参与该项目的人员援引统计数据，显示上市公司的管理投票过程，股东参与率很低，大概只有 1%。而一旦接入区块链，用户在自己的办公室或者家里，足不出户就能参与股东投票。

## 区块链创造无边界的身份验证

身份验证是区块链的一个重要应用，由于区块链数据的不可更改性、匿名性和可追溯性，任何人都可以通过一个密钥，将自己的所有身份信息登记在区块链上，既方便使用，又能保障安全。

当前，若丢失身份证或护照等，往往会带来一系列的麻烦，因为补办需要时间，还需要提供身份证明，特别是一旦在国外丢失护照，补办或者是办理离境证明少说也需要几天的时间，无疑带来诸多不便。不仅如此，还得避免他人用捡到的身份证件从事不法活动等。当前的身份认证主要依靠卡片证明，但是遇到外貌相似者或者不太负责任的工作人员，冒用成功的机会还是很大的。

而一旦有了区块链，不仅永远不必担心身份证、护照丢失的问题，还因为区块链上的身份是独一无二的，因此几乎不可能被冒用。

再如结婚证，当前颁发结婚证的机构为各级政府，虽然现在已经联网，但依然无法做到所有数据完全共享。因此一个人想要对另一个人隐瞒自己的婚姻状况，理论上讲是完全可以做到的。新闻上常有诸如一个人有几张不同的身份证，某人同时与多人结婚最后东窗事发之类的新闻报道。而一旦有了区块链，类似的事件就可以避免，人与人之间的诚信将更有保障。

此外，区块链还能促进无边界的身份验证。而无边界的身份验证，则更是可以推进金融普惠，使人们平等地参与全球经济，能够有效帮助难民和极端贫困群体。

什么是无边界的身份验证呢？

每个人都是有自己的经济身份的，可以定义为身份与商业的结合，是一种经过审查，可管理的全球化资产。在发达国家，人们的经济身份不断受到监督，与日常生活中的交易能力密切相关。拥有良好的信用记录可以使买车、申请抵押贷款、租住公寓或者办理新信用卡更加容易。

但是那些根本就没有信用记录的人该怎么办呢？全球有27亿人没有银行账户，缺少经济身份。他们可能完全与世界经济脱节，也就永远没有摆脱当前命运的机会。

而一旦引入区块链，允许个体在区块链上登记他们独一无二的身份，每个人可以使用这个身份登录数字服务，也可作为一种数字交易的个人签名，然后逐渐获得一种个人信用。所有这些都是存储在一种由用户掌控的环境中的信息，所以完全不会依赖传统机构，哪怕是处于战争状态的难民，也有自己的经济身份。

## 区块链在政府层面的应用实例

> 微软为政府提供区块链应用,保障机密数据的安全

科技巨头微软 2017 年 10 月 17 日于华盛顿特区召开了"政府云论坛 2017 大会",宣布将推出"Azure 政府机密"(Azure Government Secret)服务,旨在使政府机构能够更好地访问云计算。除了提供这种新服务,微软还将打开区块链供应的大门,使其当前的"政府云"客户能够访问微软 Azure 区块链即服务(BaaS)产品。

BaaS 于 2015 年推出,用来帮助私人公司试验区块链工具,目前处在一个沙盒环境中,拥有 Chain、ConsenSys 和 Emercoin 等合作伙伴提供的技术服务。虽然微软云服务的私人部门用户近年来都可以使用这些工具,但美国政府严格的安全要求阻碍了这些机构对此类产品的利用。

具体来说,微软有 6 个数据中心目前已被"隔离",并获得美国国防部 5 级临时授权。此外,还有联邦风险和授权管理计划(FedRAMP)和国防信息系统局(DISA)等组织的一系列认证。

据微软 Azure 首席技术官 Mark Russinovich 介绍:"美国政府要求这些数据设施经过认证后由美国公民进行操作,所以我们的承包商要符合这种要求。"

鉴于这些因素,"Azure 政府机密"服务将为使用"机密数据"的客户提供高级分析和更高级的"检测"功能。

Russinovich 认为这个项目是政府利用区块链优势的新途

径,也能使政府对纳税人负责。

### 美国犹他州运用区块链进行总统候选人投票

犹他州领先使用区块链技术,选出参加美国总统选举的共和党候选人。犹他州投票人不需要到投票站去投票,而是可以直接坐在家里或任何地方的电脑前参与网络投票。

这个投票系统由 Smartmatic 设计,简单方便。参与投票者,只需要访问犹他州共和党网站并注册。一旦确认身份,就会获得一个密钥。这个密钥就是投票者所持选票。网上投票需要投票者输入这个独特的密钥。

在确认提交之前,可以无数次更改投票。但是一旦提交,选票就不可撤回了。

### 贵阳市运用区块链推动社会诚信体系建设

2017年,"数聚诚信·上链贵阳"暨区块链底层技术系列发布会在贵阳综合保税区举行,贵阳市政府希望进一步推动以智能合约、跨链技术等为代表的区块链核心技术发展,推动社会诚信体系建设,加快区块链技术应用落地。

据了解,区块链技术支撑下的政府治理,将使老百姓实实在在地感受到政府福利发送、救助行为的透明和精准,政府各项政务处理的便捷和高效,自身权益维护的公平和公开。同时,政府通过线上线下的身份统一管理,能实现对辖区"人财物事"状态及流动的及时跟踪、分析、预警、引导。

贵阳市委书记表示,贵阳市当前正在尝试利用区块链等新技术,在可信数据生态环境下,把诚信体系建设这一道德问题逐步变成数学问题。

### 美国政府运用区块链打造透明数据平台

美国监管机构和政府机构从 2015 年开始就关注区块链技术，来创建一个用于各行业的可靠和透明的数据处理平台。美国卫生与公共事业部（HHS）是第一个计划部署区块链来确保医疗健康记录安全的政府机构。

### 洪都拉斯运用区块链技术进行房产登记

成立于 2014 年的 Factom 公司一直将"构建诚实的世界系统"作为发展使命，该公司 2015 年与洪都拉斯政府合作，试图在该国缺乏互信的市场环境下建立以区块链为基础的房地产信息系统。

### 爱沙尼亚政府在区块链的应用上已经处于世界领先水平

这个位于波罗的海边的数字化小国拥有接近 100% 的电子银行交易率和 30% 的互联网选举投票率。该国早在 2007 年受到网络攻击后，就开始发展基于区块链的"无密码签名设施"（keyless signature infrastructure，KSI）管理政府和公民信息。得益于该系统，爱沙尼亚的每个公民都可以独立检查政府记录的完整性，有效监督政府行为。而政府内部的特权人员却无法清除系统上的电子日志，从而避免了公职人员的犯罪行为。同时，事实证明该技术极大地增强了该国信息系统的安全性，这点非常值得他国借鉴。

### 瑞典当局运用区块链技术进行土地登记

作为最早流行比特币的国家之一，瑞典当局已决定于 2017

年3月开始试行使用区块链技术登记国家土地信息。依靠强大的技术团队和成熟的信息管理体制,该国很可能是第一个完善区块链土地登记系统的国家。

**澳大利亚政府出资支持区块链研究**

澳大利亚政府已经宣布将提供超过800万澳元(约600万美元)作为对一个基于区块链的智能公共事业项目的补助。

这个项目旨在探索城市如何能够使用区块链技术和数据分析来推动分布式能源和水力系统。澳大利亚科廷大学将负责监督项目管理并执行支持这个试验的研究。我们将开发一种智能测量、电池存储和区块链交易系统,为那些重要但地理位置分散的基础设施带来能源和水力高效性。

除此之外,区块链还有很多政府应用的案例,例如:

- 位于马里兰州的BitHealth公司尝试用区块链技术构建全球统一的健康信息系统。
- 英国政府在国民健康保险制度(NHS)中应用区块链技术,用虚拟的算法去解决现实的问题。
- 迪拜把土地登记100%转移到区块链上。

# 区块链与数字货币

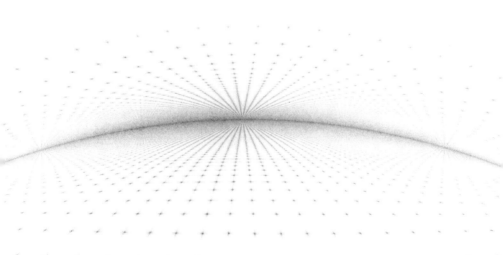

区块链是所有数字货币的底层技术，数字货币也是区块链最早的应用领域。随着比特币价格的水涨船高和区块链技术走进政府和大众视野，越来越多的人开始对数字货币感兴趣，也有越来越多的新兴数字货币层出不穷。到今天为止，已经形成了完整的数字货币产业链。

然而，政府关于数字货币的立法和监管还相对滞后。这是一个充满诱惑的市场，也是一个鱼龙混杂的市场。在这一章，我们来对数字货币的现状做一个详细的介绍，涉及数字货币出现的必然性、数字货币的优势和风险、当前比较活跃的一些数字货币以及政府对数字货币的态度等。

# 传统货币与数字货币

货币发展到今天,其使用价值早已不再重要,它更多的是一种信用的凭证和记账的符号。从这个意义上讲,数字货币是完全可以成为货币的。

与传统货币相比,数字货币在降低成本、支付便捷、反洗钱等领域都有着无可比拟的优势,我国央行已经将发行数字货币提上了议程。不过,当前数字货币的发展还很不成熟,数字货币想要成为主流货币还有一个漫长的过程。

## 货币发展的历程及数字货币出现的必然性

关于货币发展的历史,前面我们已经介绍过了。从物物交换到实物货币,再到金属货币、金银货币、纸币,纵观人类发展历程,被当作货币的物品有:早期特殊质地的贝壳、彩色石头、鲸鱼牙齿、牦牛粪、金属货币、交子、黄金标的下法币、信用法币、电子法币等。我们会发现一条规律:货币本身的价值越来越不重要,货币逐渐完全成为信用的媒介,向记账货币的方向转变。如今的货币更多不是承担价值含量的等价物,而仅仅是一个价格符号。

从货币发展趋势来看,货币本身所表现的具体形态也在不断发生着变化,货币越来越向一种符号的方向去发展,数字货币的出现是历史的必然。

什么可以成为货币？

为什么说数字货币的出现是历史的必然？首先，让我们深刻地理解货币。到底什么样的东西可以成为货币？

在马克思主义理论中，对货币的定义是：货币是固定充当一般等价物的特殊商品。这也是目前国内主流观点的定义。

而西方经济学对于货币的定义是：货币是商品或劳务的支付中，人们普遍接受的任何东西。这里强调货币可以是任何东西，限定词只有一个"人们普遍接受"。

这个提法看似很任性，但是，能够让人们普遍接受其实并不容易。早期，能够让人们普遍接受的都是一些自身价值很高的东西，例如金银等。因此，有很多经济学家给货币打上了一堆形容词，如稀缺性、可辨识性、可分割性、可替代性、可携带性、交易的时效性和方便性等。

但是，这些真的是货币的本质吗？

关于"普遍接受"，人们还有一个误解就是将"普遍接受"和"国家规定"划等号，认为国家发行的就是货币，国家没有规定的东西就不能作为"货币"。这种理解是有偏差的。

我们可以看一个例子：

在国民党统治时期，从1935年开始，国民党政府发行法币，此后不断增发，通货膨胀严重，以至于到1947年时，法币进入崩溃阶段，1948年时，发生了市民挤兑黄金的大潮。由于通货膨胀严重，物价飞涨，人们不再相信国民党政府发行的纸币，开始用法郎和美元来交易，到后来甚至出现了5美元能买一筐子纸币的闹剧。

而在江西省某山区农村，更是倒退到了几千年前物物交换的水平。以物品交换物品或劳务的行为经常发生，交换中，大米逐渐成为人们普遍乐意接受的东西，如一件棉衣交换20斤㊀大米、干一天苦力可得到3斤大米，等等。人们在交易时，通常都是把自己的物品先换大米，再交换自己所需要的物品。

在这个例子中，我们可以看到，即便是国家发行的，但是如果不能被大家"普遍接受"，也失去了货币的价值。这种情况在战乱年代时有发生，通常政局不稳、通货膨胀严重时，人们会抛弃法定纸币，再度回到物物交换或金银货币的层面。

我们可以看出："普遍接受"的背后，是信用，货币是信用的凭证。

因此，在一定范围的空间和时间内，只要具有信用，能够被普遍接受，就可以看作是该范围内的货币。

例如，按照我们现行的法律和常识来说，Q币不是货币，但是按照西方经济学的理论来看，Q币在QQ游戏中就属于货币范畴。因为在西方经济学的理论中，凡是能被"普遍接受"，具有充当交换媒介的功能的，就可以称之为货币。

从中我们可以看出，货币发展到如今，它的使用价值早已不再重要，更多的只是一种信用的凭证和记账的符号。凡是能被大众"普遍接受"的，都可以成为货币，数字货币当然也可以。

## 货币的职能

货币最重要的职能是价值尺度、流通手段、贮藏手段。自古

---

㊀ 1斤=0.5千克。

至今，东西方各种思想家、经济学家的货币理论都主要围绕这三点。亚里士多德认为货币主要有价值尺度、流通手段和贮藏手段的职能，金德尔伯格将货币职能归为支付手段、记账单位、交换媒介和价值贮存。米什金归纳货币职能为交易媒介、计算单位和价值贮藏。乔治·考夫曼认为货币职能有交换媒介、价值标准、价值贮藏。马克思认为货币具有价值尺度、流通手段、贮藏手段、支付手段和世界货币的职能。支付手段是流通手段在时间上的扩展，世界货币则是三种基本手段在空间上的扩展。价值尺度指货币衡量和表现一切商品价值大小的作用。该职能是货币本质的体现，表现为价格标签的形式。

从货币的职能上看，数字货币一样可以具有价值尺度、流通手段、贮藏手段的职能，作为货币从理论上讲是可行的。

## 数字货币和虚拟货币、电子货币的区别

数字货币属于非实物货币，是区分于实物货币的一个概念，是指不存在于现实世界、不以物理介质为载体的货币形式。非实物货币目前主要有三种：数字货币、电子货币、虚拟货币。

电子货币是指电子化的"法币"，比如银行卡、支付宝等。例如，采用信用卡、银行卡、支付宝付款时，只是交易中一方卡上的数据减少了，另一方卡上的数据增加了，并没有产生任何实物货币（纸币）的转移。

虚拟货币是指基于网络的虚拟性，由网络运营商提供发行并应用在网络虚拟空间的类法币，又被称为网络货币，比如各种网络游戏币、Q币。

数字货币区别于电子货币的特点是前者是去中心化的,后者是中心化的。

数字货币区别于虚拟货币的特征是其基于节点网络并采用了数字加密算法。

## 数字货币的优势和发展瓶颈

当前,有很多国家和政府都开始关注数字货币,甚至有些国家开始考虑发行国家层面的数字货币。那么,数字货币到底有什么优点呢?

(1)有效降低银行业经营成本。与传统货币相比,数字货币在发行和交易方面具有低成本、高效率的特点。在发行环节,不需要实体货币发行所需要的成本;在交易环节,数字货币完全使用电子方式记账,不需要建立和维护个人账户,交易账簿唯一且不需要货币清算,减少了实体货币交易中的环节,因此不仅可以降低交易成本,还可以节省人力和物力。

(2)有助于共享金融的发展。数字货币不需要通过金融中介机构就能进行远程交易,还能跟物联网、人工智能等各类现代技术对接,能够扩大金融服务的覆盖面,并提升效率。

同时,数字货币还可以有效地解决互联网金融领域的信息不对等、暗箱交易和难于监管等问题,配合区块链的信息可追溯性和创造智能信用,可以大大降低构建信用的成本,让金融业不再只是为那些"庞然大物们"服务,让中小企业和普通民众也能享受到金融发展带来的红利,促进普惠金融的发展。

（3）数字货币支付便捷，相对于纸币和电子货币具有更强的分割能力，方便微型支付。目前，比特币的最小细分单位是小数点后第8位，叫作"聪"；瑞波币的最小细分单位是小数点后第6位，叫作"滴"。未来技术允许的话，可能会更小。

（4）数字货币可以让没有在金融机构开户的人也能进行非现金支付，且速度快，成本低。

（5）在反洗钱方面，数字货币也有其天然优势。之前，金银、纸币等货币完全没有身份识别功能，不能确认货币的所有者是谁。而数字货币，在通过一定的算法之后，不仅每个货币都有独一无二的编码，而且存储了货币所有者的账号、交易过程等信息。银行等金融机构可以持有"私钥"，在KYC（反洗钱身份验证）政策的指导下，对数字货币账户持有人随时审查，调查资金来源是否合法。

但是，当前数字货币的发展还很不成熟，前面我们讲过，货币最重要的三种职能就是价值尺度、流通手段、储藏手段。我们就从这三个方面来分析当前数字货币的不足之处。

（1）现有的数字货币价格波动剧烈，因此无法有效执行价值尺度职能。货币要成为价值尺度，币值必须稳定，然而当前的各类数字货币价格波动都很大，往往一天之内波幅就超过10%，极端情况下更是超过100%。在这种情况下，它很难在交易中充当"一般等价物"。不过，这只是数字货币萌芽阶段所必然出现的现象，当数字货币发展到成熟阶段时，甚至国家参与时，这种情况可以避免。

（2）从流通手段的层面上讲，当前，数字货币已经在部分领域行使流通手段的职能，可以购买商品与服务。例如，戴尔、微软等以及一些国外小商家都开始接受比特币支付。2014年6月，瑞士金融市场监督管理局（FINMA）授予SBEX交易所第一个比特币交易许可证，认可了比特币具有流通手段职能。此外，数字货币还可以用以捐赠。雅安地震后，壹基金接受共计65比特币的捐助，当时的市价约5万元人民币，这是比特币首次成为捐赠物。

但是，数字货币在流通时存在一个问题：其匿名性不利于监管。由于比特币等数字货币都是采用区块链技术，采用匿名交易，它的匿名性、无国界、无地域限制的特点，很容易被用于恐怖分子融资、腐败分子洗钱等犯罪活动，并且难以从监管方面加以遏制，类似于比特币用于暗网交易的新闻屡见于各类媒体中。如情况严重，其产生的风险可能危及金融稳定，这也是各国政府一直对数字货币持谨慎态度的原因之一。

此外，像比特币期权和期货等衍生金融工具也已被开发出来，这些工具的金融杠杆作用，某种程度上进一步放大了风险，对实现金融稳定增加了难度系数。

此外，现有数字货币总量是一定的，这会让人们更愿意像囤积投资品一样囤积已经拥有的数字货币，而不是用它们来消费，这也会影响其实施"流通手段"的职能。

（3）从贮藏手段上看，现有的数字货币依赖密码学和互联网技术，采用数字签名的方式来确权和自由流转，其携带、保管成本几乎为零，而且不会出现损耗问题。目前有很多对数字货币前景持乐观态度的人都把购买和储存比特币当作投资。

由于技术的不成熟,现有数字货币也存在一些安全性方面的问题。目前,数字货币一般被储存在电脑硬盘、移动设备或者在线钱包中,可能受到黑客攻击。这样的案例层出不穷。2011年6月,Allinvain被盗走了25 000个比特币,从而成为比特币历史上第一个因为黑客攻击而遭受重大损失的玩家。2012年9月,比特币平台bitfloor被一个黑客成功拿到了未加密的备份钱包后,损失了24 000个比特币。

总体说来,在投资数字货币上存在三大风险:

(1)系统漏洞风险。

目前,市面上的很多数字货币系统还不成熟,存在明显的漏洞。例如,钱包数据可被窃取或遗忘,且可为洗钱行为提供平台。

还有,部分数字货币并非真正的开源,比如Ripple源代码掌握在数字货币运营商OpenCoin公司手中,这存在极大的道德风险。OpenCoin完全有可能通过屏蔽部分IP地址的方式窃取投资者的瑞波币。

(2)市场风险。

数字货币价值波动大,投资风险也大。

(3)政策风险。

针对数字货币的立法和监管配套明显滞后,数字货币法律地位仍然模糊。关于数字货币交易的法律制度也是缺失的。目前比特币交易平台的设立制度、运营规则、技术安全以及管理人员的从业资质都没有相应的标准和监管,导致交易平台质量参差不齐。

## 数字货币的发展回顾及现状

对数字货币的构想，其实在 20 世纪已经出现。

1982 年，David Chaum 最早提出了不可追踪的密码学网络支付系统。1990 年，Chaum 将他的想法扩展为最初的密码学匿名现金系统。这个系统就是后来所谓的 ecash。

1998 年，Wei Dai 发表文章阐述了一种匿名的、分布式的电子现金系统，他将其命名为"b-money"。同一时期，Nick Szabo 发明了"Bit gold"。和比特币一样，"Bit gold"也设置了类似的机制，用户通过竞争性地解决"工作量证明问题"，然后将解答的结果用加密算法串联在一起公开发布，构建出一个产权认证系统。"Bit gold"的一个变种是"可重复利用的工作量证明"，开发者是 Hal Finney。

然而，直到 2009 年比特币出现，数字货币才真正进入蓬勃发展的时期，当前，数字货币市场呈现一派繁华景象。我们可以看一些具体的数据：

2017 年 4 月，剑桥替代金融中心（CCAF）发布了全球首份数字加密货币报告，其中涉及数字加密货币的使用以及支撑这种新货币发展的新兴货币系统等多方面内容。正如报告所说："货币和金融世界正在我们眼前发生着改变。"

这份名为《全球数字加密货币基准研究》的报告是 CCAF 首个关于替代支付系统及数字资产的研究。该研究通过安全的网页问卷调查，收集了全球 38 个国家 100 多家数字加密货币公司的数据。CCAF 称调查覆盖了加密货币业约 75% 的数据。30 多名数字加密货币挖掘工也接受了调查。调查主要针对四大关键领域：交易、钱包、挖掘、支付。这份调查显示：

（1）交易领域拥有运营实体最多，员工也最多，有很强的地理分散特性。如今大约有52%的小型交易企业有正式的政府执照，而大型交易企业仅有35%拥有执照。CCAF在报告中称，中国人民银行近期的举措可能很快改变这一现状。

（2）现在有580万到1 150万的数字加密货币钱包可视为"活跃"钱包。如果平均每个人有两个钱包，就意味着数字加密货币有290万到580万个人活跃用户。近52%的钱包提供综合货币交易功能。

（3）79%的数字加密货币支付公司都与银行及支付网络有合作关系，支付公司交易总量中法定货币到加密货币的支付占三分之二，法定货币到法定货币占27%，加密货币到加密货币占6%。

（4）有名的加密货币挖掘机构具有地理集中性，中国某些省份这种集中性更加显著。大型加密货币矿池中约75%分布在中国和美国。○

事实上，截至2017年年底，数字货币统计网站coinmarketcap.com公布的数字货币多达1 372种，市场价值超过6 000亿美元，其中，比特币价值最大，为2 700亿美元左右。数字货币种类间的市值差异非常大，比特币的市场价值占数字货币总额的81%左右，97%的非主流数字货币只占总市值的1.3%左右。○数字货币间的排名变化也很大，新的数字货币不断出现。

几乎所有的数字货币，其市值波动都非常大。

---

○ www.zhongbangshujuwang.com.
○ https://coinmarketcap.com/.

## 常见的数字货币简介

当前,现有的数字货币以比特币、莱特币和瑞波币为主,它们实现的技术原理基本相同,都是数字加密货币,需要通过挖矿、贡献算力来获得。"去中心化"的比特币和莱特币不受任何中央机构管理,也没有法律主体。"中心化"则以瑞波币为代表,它由瑞波实验室(Ripple Labs)运营和发行。

有一个"山寨币"的概念。什么是"山寨币"呢?

比特币的源码是公开的,在比特币源码基础上做些修改即可造出与比特币类似的数字货币,这就是山寨币。如果做了创新的技术改进,则可称为二代币或竞争币。

多数山寨币、竞争币由于作者技术实力弱、没有优点、长期不维护、缺少推广、没有形成团队等原因逐渐消亡,不具投资价值。只有那些技术实力、创新能力都强的团队开发的优秀币种才拥有投资价值。如果正确投资优秀币种,获得的收益将非常丰厚。这个行业中的财富机会仍然很多。

目前已经有数百种数字货币,除了比特币外,其他的包括莱特币(Litecoin)、狗狗币(Dogecoin)、瑞波币(Ripple)、未来币(NXT)和点点币(Peercoin);主要的其他种类数字货币都可以在 http://coinmarketcap.com/ 上查看。

### 莱特币

比特币技术,旨在改进比特币算法技术,符号为LTC,共识算法为PoW,工作量证明算法中使用Scrypt加密算法,发行方式为挖矿，矿机支持，总量恒定 8 400 万个，区块时间 2.5 分钟，开发语言 C++。

### 未来币

未来币是一种全新设计和开发的二代币，符号为 Nxt。未来币是一种纯 PoS 币，使用透明锻造（transparent forging）的方式进行新区块的锻造。Nxt 不是通过"挖矿"产生新货币，而是通过现有账户的余额去"锻造"区块，并给予成功"锻造"区块的账户交易费用奖励。它已经通过 IPO 的方式完成了所有币的分发，货币总量 10 亿，区块时间 60 秒，开发语言 JAVA。

### 以太币

比太坊技术，符号为 ETC/ETH（不同分叉），共识算法为 PoW，使用的工作量证明算法叫 Ethash（Dagger-Hashimoto 算法的改良版本），发行方式为挖矿，矿机支持，支持在树莓派上运行节点。以太币（ETH）作为推动以太坊平台上分布式应用的加密燃料，将会通过挖矿的形式每年以不变的数量发行。每年发行的数量是预售以太币总量的 0.3 倍，通胀率每年递减，最新 ETH 区块时间 16 秒，开发语言 GO。

### 比特股

比特股技术，符号为 BTS，共识算法为 DPoS，货币总量为 37 亿。预挖矿方式发布（初始的比特股 BTS 由两部分组成，一部分由 PTS 持有者转股而来，另一部分由挖掘产生，并且整套系统还在不断地为持有 BTS 的投资者分红),比特股通过定期出售分发初始货币,BTS 除了作为交易费用和激励机制外,也是资产交易的重要抵押物。区块时间 3 秒,开发语言 C++。

## 点点币

比特币技术,符号为 PPCoin,简称 PPC,名字取自 P2P 货币的意思,即点对点货币,PPC 的研发团队和质数币 XPM 的研发团队为同一团队。采矿方式混合了 PoW 工作量证明及 PoS 权益证明方式,矿机支持,区块时间为 600 秒,PPC 采用 SHA256 算法,在 BTC 的基础上进行了改良和优化。PPC 最大的贡献在于它原创了 PoS 利息体系,防止通货紧缩,货币总量无上限,通胀每年 1%,开发语言 C++。

## 元宝币

太一科技开发,符号为 YBC。元宝币最初算法源自于当时较为创新的数字货币雅币(YAC),雅币的算法又是在点点币(PPC)的基础上进行的修改,老元宝采用的是基于 Scrypt-Jane 的 PoW 算法。到第二代元宝币调整了 PoS 利息递归机制,第三代元宝币创新发明了 VPoW 机制,新元宝将彻底停止 PoW 挖矿,而采用纯 PoS 方式来维持网络,币的分发将采用 VPoW 的方式进行。VPoW 分发机制又被称为虚拟工作量证明机制,具体是指利用其他币的 PoW 挖矿算力来为元宝币提供类似 PoW 的公平数字货币发行机制。货币总量 300 万,区块时间 60 秒,开发语言 C++。

## 达世币

达世币是一款支持即时交易、以保护用户隐私为目的的数字货币，采用比特币技术分支。达世币符号是 Dash，是一种为匿名而生的币，它通过匿名技术，使得交易无法被追踪查询。无预挖，基于 11 种加密算法，即 X11 算法，超级安全哈希运算。它的区块奖励也和大多数山寨币不一样，它的区块奖励由公式自动确定。采用类似于 PoW+PoS 的混合挖矿方式，Masternodes 获得 10% 的挖矿奖励。首次引入暗重力波（DGW）难度调整算法保护区块网络。总量约 2 200 万枚，区块时间 2.5 分钟，开发语言 C++。

## Zcash

Zcash 是首个使用零知识证明机制的区块链系统，它可提供完全的支付保密性，同时仍能够使用公有区块链来维护一个去中心化网络。与比特币相同的是，Zcash 代币（ZEC）的总量也是 2 100 万，不同之处在于，Zcash 交易自动隐藏区块链上所有交易的发送者、接收者及数额。只有那些拥有查看密钥的人才能看到交易的内容。用户拥有完全的控制权，他们可自行选择向其他人提供查看密钥。

## 瑞波币

瑞波技术，符号为 XRP，共识算法为瑞波自有共识机制，采用 OpenCoin（现在的 Ripple Labs）。原创算法，货币总量为 1 000 亿，预挖矿方式发布，一半是创始人拥有，一部分批发给交易网关，小部分逐步发放公众，让他们来推动 Ripple 项目，开发语言 C++。

瑞波币是世界上第一个开放的支付网络，通过这个支付网络可以转账任意一种货币，简便易行快捷，交易确认在几秒以内完成。

## ICO 的现状：国内全面禁止 ICO

在区块链和货币领域，有一个经常被人们提到的名词：ICO。

### 什么是 ICO

ICO 是一种区块链的行业术语，它是 initial coin offering 的缩写，意为首次币发行，源自股票市场的首次公开发行（IPO）概念，是区块链项目首次发行代币，募集比特币、解决以太坊等通用数字货币的行为。

ICO 参与者对于一个项目的成功非常重要，他们会在社区里为该区块链项目进行宣传，使它产生的代币在开始交易前就获得流动性。但 ICO 的参与者最看重的依然是由项目发展或代币发行后价格升值带来的潜在收益。

### ICO 成区块链行业重要融资机制

目前 ICO 已成为区块链行业的重要融资机制，ICO 融得的资金往往不是法币，而是比特币、以太币或其他数字加密代币。在 2014 年之前，由于多数 ICO 项目的目标受众与比特币社区成员高度重合，比特币成为早期 ICO 唯一的融资数字货币。随着其他区块链项目的发展与成熟，获得市场认可的数字货币越来越多，ICO 融资的数字货币的种类也越来越多。

目前，ICO 已成为区块链行业的重要融资机制，有力地推动了区块链系统各层技术创新与发展。ICO 发行的零币（Zerocash）扩展了比特币协议，实现交易信息的完全匿名；以太坊通过以太币 ICO 募集 3 万余个比特币，发展一个去中心化智能合约平台；基于支付、数字钱包、资产交易、基金管理、云存储、网络游戏等各种去中心化应用项目因 ICO 不断涌现。

ICO 服务平台 ICORace 创始人此前表示，"尽管有失败的项目，也有不靠谱的项目，但需要注意的是，几乎 80% 的投资人都是币圈内的，'老人'发的项目很快就能成功，这种基于信任关系的资金募集高效迅速，非行业内人士发起的项目募集就十分困难。"㊀

## ICO 与 IPO 存在本质差异

ICO 和 IPO、股权众筹一样，同属权益类证券发行活动，但在某些方面存在差异。

（1）ICO 的融资资金为比特币、以太币或其他数字加密代币；IPO、股权众筹的融资资金为法币。

（2）ICO 的法律定位尚不明确，监管处于空白，IPO、股权众筹均已有相应监管法律法规。

（3）ICO 发生在区块链行业，发行主体不一定为实体企业，可

---

㊀ http://www.yicai.com/news/5312099.html.

能是非实体企业的团体,IPO、股权众筹的发行主体必须为企业。

(4)ICO的投资主体范围没有限定,IPO、股权众筹虽也面向大众,但在监管上对投资者提出了相关限制。

(5)ICO没有相关服务中介机构,在去中心化的网络上开展,IPO和股权众筹则依赖于证券经纪商、众筹平台等中介机构。

(6)ICO的代币可在各类代币交易所进行二级流通,IPO的企业股票也可在证券交易所等二级市场流通,而股权众筹资产的变现流通需依靠场外交易。

### ICO的应用实例

2013年7月:Mastercoin(现更名万事达币OMNI)是最早进行ICO的区块链项目之一,曾在Bitcointalk论坛上成功筹资5 000 BTC。

2013年12月:NXT(未来币)曾用IPO筹资21BTC(当时相当于6 000美元),后来它的市值最高达到1亿美元,对投资者来说无疑是最成功的ICO项目之一。它也是第一个完全采用PoS共识机制的区块链。

2013~2014年,许多疯狂的区块链项目成功地启动了ICO,不过大部分都死在炒作过程中或者直接成为骗局。当然,这期间也有十分成功的ICO项目,例如Ethereum。Ethereum(以太坊ETH)国内外人气都很高,是迄今为止规模最大的ICO之一,筹措资金超过1 800万美元,同时也是当前除比特币以外市值最高的加密数字货币。

2015年3月,Factom(公正通)通过Koinify平台ICO,利用比特币的区块链技术来革新商业社会和政府部门的数据管理和数据记录方式。

2016年3月,LiskICO总共筹集到14 080BTC和超过8 000万XCR,众筹所得金额在区块链项目ICO中排名第二位,仅次于以太坊。Lisk的去中心化应用(DApps)是使用Javascript语言进行编程,这是目前全球最简单也最流行的编程语言。

2016年5月,The DAO融资额高达1.6亿美元,是ICO史上最大的众筹项目。但是作为万众瞩目的ICO项目,最终因受到黑客攻击,以及争论中软硬分叉,最后以解散退回以太币而告终。

2016年9月,FirstBlood(第一滴血)将电竞服务与区块链结合,使用了智能合约来解决奖励结构问题。众筹一开始即筹资600万美元,全球总共筹到465 312.999ETH。

## ICO 的规模

据不完全统计,全球ICO融资规模2014年只有0.26亿美元,2015年下降到0.14亿美元,2016年突破2亿美元,2017年上半年冲到12.26亿美元。其中我们国内的ICO规模折合人民币超过26亿元,占全球比重的31.5%。而且国内的ICO项目都没有经过金融监管的审批,绝大多数的ICO项目可能涉嫌非法的金融活动。㊀

---

㊀ http://b2b.toocle.com/detail--6423282.html。

## ICO 在国内被禁止

2017年9月4日下午3点，中国人民银行领衔网信办、工信部、工商总局、银监会、证监会和保监会等七部委发布《关于防范代币发行融资风险的公告》（以下简称《公告》），《公告》指出代币发行融资本质上是一种未经批准非法公开融资的行为，要求自公告发布之日起，各类代币发行融资活动立即停止，同时，已完成代币发行融资的组织和个人做出清退等安排。

（1）额度管控与白名单管理。ICO 发行主体不限定实体企业，但设定融资额度限制。

（2）ICO 融资计划管理。目前大多数 ICO 项目都采用一次性融资方式，这样会误导投资者认为项目从一开始就会成功。而从风险角度考虑，传统的 VC 投资在早期会投资一小部分，过一段时间根据项目的进展再重新评估风险以及项目的潜质，从而决定是否追加投资。因此，ICO 融资计划的披露也是监管重点。

（3）对发行人施予持续、严格的信息披露要求，强调反欺诈和其他责任条款。这主要是因为，大部分 ICO 都是以资产销售的形式进行推广，代币市场存在相当数量的"骗子币"。

（4）强化中介平台的作用。姚前认为有两种做法，一是推动成立专门的类似于众筹平台的 ICO 平台，承担投资者教育、风险提示、ICO 项目审查、资格认定、资金托管、督促发行人信息披露、督查资金使用、反洗钱等相关职责；二是以加密代币交易所为监管抓手，要求代币交易所进行投资者教育和风险提示，并在代币上市交易时督促发行人进行信息披露，同时履行反洗钱等其他职责。

（5）监管部门主动、及早介入，加强行为监管，全程保留监管干预和限制权力。

## 数字货币的常见骗局及鉴定方法

江苏省互联网金融协会在 2017 年出具的《互联网传销识别指南》中指出，大部分投资者并不懂数字货币，很多传销分子利用这点进行传销行骗，将"数字货币"的概念与传销结合起来，形成"传销式数字货币"。这份指南点名 26 种所谓数字货币都是披着或者疑似披着数字货币的外衣进行非法传销的项目。分别是：珍宝币、百川币、SMI、MBI、马克币、暗黑币、MMM、美国富达复利理财、克拉币、V 宝、维卡币、石油币、华强币、CB 亚投行香港集团、币盛、摩根币、贝塔币、世通元、U 币、聚宝、21 世纪福克斯、万喜理财、万福币、五行币、易币、中华币等。[一]

传销货币是怎么骗人的？据业内人士介绍，传销分子早期为吸引投资人投资，可能会将货币价格炒得很高，一旦时机成熟，就集中进行抛售，价格一落千丈，投资者最后血本无归。更为恶劣的是到返钱高峰，平台直接关闭。

这些骗局大多有以下手段：

（1）缴会费号称可躺着挣钱。

"传销式数字货币"宣传的收益模式一般分为"静态奖"和"动态奖"，都是想满足一些人"赚快钱"的梦想。"静态奖"就缴

---

[一] http://economy.jschina.com.cn/gdxw/201704/t20170406_320296.shtml.

纳入会费，购买数字货币，然后什么都不用做，就可以坐等赚钱。

2016年，湖南常德警方破获了一起美国未来城"万福币"特大网络传销案。其"静态奖"就是：只要缴纳1万元人民币即可注册成为会员，不用发展会员，只等万福币价格上涨，即可躺着拿钱。

（2）奖励参与者"拉人头"。

为了吸引更多会员加入，"传销式数字货币"往往会采取传销"拉人头"的方式进行疯狂推广，并美其名曰"动态奖"。

以"万福币诈骗案"为例，其"动态奖"是，根据会员发展人员的多少分为1～5星、1～5金、1～5钻，每个级别对应不同的奖金回报，发展了下线就能获得提成，并可层层提成。

（3）价格由庄家幕后操纵。

"传销式数字货币"的"交易行情"，完全由组织者和平台方操控。前期为了吸引投资者加入，往往会把价格炒高，一旦开盘，平台方和组织者就会集中抛售套现，价格狂跌。除了庄家和极少数提早退场的人，其他投资者将血本无归。

（4）包装成一些高大上的项目。

有些传销团伙，会通过伪造官方人士、权威机构的背书，把项目包装得十分高大上。

例如，一个名为"中华币"的传销货币的介绍材料宣称，"中华币"是由中国管理科学研究院设计、中兴同寿（北京）生物科技有限公司技术团队研发的数字加密货币。已经被确定为传销骗局的"易币"，在宣传材料中称其是中国"数字货币教学实践示范基地"之一。

如何辨别数字货币是否是传销货币呢？

《互联网传销识别指南》(2017 版)指出,投资者可以从 5 个方面判断数字货币是否是虚拟货币。[一]

(1)发行方式。虚拟货币不依靠特定货币机构发行,它依据特定算法,通过大量的计算产生,是去中心化的发行方式。每个不同的终端节点负责维护同一个账本,而这个维护过程主要是算法对交易信息进行打包和加密,而传销货币往往由某个机构发行。

(2)交易方式。虚拟货币是市场自发形成的零散交易,形成规模后逐渐由第三方建立交易所来完成交易。而传销货币则由某个机构自己发行,并且自建平台来进行交易。

(3)实现方式。虚拟货币本身是开源程序,在 Github 社区维护。其总量限制的参数和方式,均显示在开源代码中。而传销货币的开源是完全抄袭别人的开源代码,且没有使用开源代码来搭建程序,所以其本质跟 Q 币一样是可受网站控制的。

(4)是否给出源代码链接。一般的去中心化数字货币都会在官网的显要位置给出源代码的链接,这样做是为了公开透明地展示货币系统的运作机制。而传销货币很多都没有源代码的链接地址。

(5)官网是否是 https 开头。一般的去中心化数字货币的官网和交易网站地址都以 https 开头,这类网址可以很好地保护用户的数据不被非法窃取。但传销货币的官网、交易网站等很多不是以 https 开头的。

---

[一] http://economy.jschina.com.cn/gdxw/201704/t20170406_320296.shtml.

# 比　特　币

比特币是区块链的第一个应用,它是最早的数字货币,到今天为止,它仍然是单价最高、市值最高的数字货币。从 2009 年比特币网络正式上线,到现在发展已经将近 10 个年头,在不到短短 10 年的时间里,它的价值翻了 1 万倍都不止。不过,到目前为止,比特币的市值依然不稳定,仍然处于大起大落的状态。

由于比特币系统是一个完全民族自治的系统,在比特币的扩容问题上,技术团队和矿工之间的意见有些分歧,由此造成了比特币的硬分叉现象。这是众多比特币的参与者比较忧虑的一个问题。从长远来看,硬分叉会造成怎样的结果还不明朗,业界预测了多种可能性。

## 比特币的发展历程

### 2009 年:比特币网络正式上线

2009 年 1 月,首个比特币开源客户端和首批比特币发布,比特币网络正式上线。中本聪通过挖矿的方式,获得 50 个比特币。

2009 年 10 月,首个比特币汇率公布,1 美元兑换 1 309.03 个比特币。

### 2010 年:首次公开交易

2010 年 5 月,佛罗里达州程序员完成首个比特币真实交易,花费 10 000 个比特币买了两张比萨。后来面对高昂价格的比特币，Laszlo Hanyecz 说："我没感到特别沮丧，比萨真的很好吃。"

2010 年 7 月 11 日，比特币新版客户端消息被著名新闻网站 Slashdot 提及，为比特币带来大量新用户。

2010 年 7 月 16 日，经过为期 5 天的 10 倍暴涨，比特币价格从 0.008 美元升值 0.08 美元，这是比特币的第一次价格剧烈波动。

2010 年 7 月，成立 MT.GOX。这是世界上最知名的比特币交易平台。

2010 年 8 月，比特币协议暴露缺陷，这是比特币历史上唯一被发现的重大缺陷。用户可以绕过比特币的经济限制，创造无限量的比特币。

2010 年 11 月 6 日，MT.GOX 上的价格达到 0.5 美元，此时比特币经济达 100 万美元。

## 2011 年：前半年大涨，后半年大跌

2011 年 1 月 27 日，最大数字的比特币交易产生：三个来自津巴布韦的账单在 Bitcion-otc 上以每 4 个比特币换 100 万亿津元。

2011 年 2 月 9 日，价格首次达 1 美元，与美元等价。BTC 与美元等价的消息被媒体大肆报道后引起人们的高度关注，新用户大增。此后 2 个月内，比特币与英镑、巴西币、波兰币的互兑交易平台先后开始营业。

2011 年 3 月 6 日，全网计算速度达 900ghash/sec，但很快又下跌了 40%，显卡挖矿开始流行。

2011 年 6 月，比特币市场价值达到 2.06 亿美元。

2011年6月8日，继6月2日汇价迈过10美元后，MT.Gox上的成交价格高达31.91美元。

2011年6月19日，MT.Gox上6 000份用户信息遭到泄露，导致比特币价格从17.51美元跌至0.01美元，此后半年一蹶不振。

## 2012年：经历一年平缓发展期

2012年3月1日，服务器超级管理密码泄漏，价值228 845美元的46 703比特币失窃，黑客是比特币世界挥之不去的噩梦。

2012年9月15日，伦敦比特币会议召开，此时比特币价格为11.8美元。

2012年11月25日，欧洲第一次比特币会议在捷克布拉格召开，此时比特币价格为12.6美元。

2012年11月28日，区块供应量首次减半调整，从之前每10分钟50个递减至25个，同时比特币发行量占发行总量2 100万的一半，此时比特币价格为12.4美元。

2012年12月6日，首家在欧盟法律框架下进行运作的比特币交易所——法国比特币中央交易所诞生，这是世界首家官方认可的比特币交易所，此时比特币价格为13.69美元。

## 2013年：发展前景良好

2013年2月28日，比特币价格在601天之后，超越2011年6月8日的历史最高点31.91美元。

2013年4月10日，比特币创下历史最高价，266美元。

2013年5月3日，中国央视《经济半小时》比较客观地向中国观众第一次介绍比特币这个新生事物，此时比特币价格为 92 美元。

2013 年 5 月 9 日，比特币公司 Coinbase 获得了投资基金 Union Square 的 500 万美元 A 轮投资，此时比特币价格为 112.09 美元。

2013 年 7 月 7 日，以中国为代表的矿机产业链日益成熟，比特币股票分红令人垂涎。随着越来越多的人士介入挖矿行业，挖矿难度与日俱增。

2013 年 10 月，世界首个比特币 ATM 机在加拿大温哥华问世。

2013 年 11 月，美联储主席伯南克表示他们没有权利监督虚拟货币，并认为，如果这项创新能够给人类带来安全、快速和高效的支付系统，那么它具备一个长期的发展前景。

2013 年，中国人民银行宣布所辖银行不接受比特币交易。

## 2014 年：快速发展的一年

2014 年 1 月 1 日，以狗狗币为代表的山寨币纷纷出现。

2014 年 1 月，Blockchain.info 钱包的用户数量已经突破 100 万。中国最大网购零售平台淘宝网宣布比特币禁售令。

2014 年 2 月，俄罗斯检察长办公厅颁布法令称：俄罗斯官方货币是卢布，引入其他货币或替代品都被禁止，如公民匿名使用比特币，都涉嫌参与非法洗钱或恐怖主义融资。

2014 年 2 月，全球最大交易平台 Mt.Gox 确认倒闭，85 万比特币被盗一空。

2014 年 4 月，"4.15 事件"⊖事件导致比特币大跌。

---

⊖ 央行在 3 月中旬下发内部通知，要求银行和第三方支付机构不得服务比特币交易，现有开户限期在 4 月 15 日前清理完毕。

2014年7月，戴尔接受比特币支付。

2014年12月，微软接受比特币支付。

## 2015年

2015年3月，纳斯达克首次涉足比特币领域，这家世界第一大的证券交易所宣布与比特币初创公司Noble Markets达成合作关系。

2015年3月31日，全球首名因涉嫌比特币洗钱问题的罪犯Charlie Shrem于3月30日起开始服刑，其刑期为2年。

2015年4月8日，美国肯塔基州参议员兰德·保罗，正式宣布已接受比特币的捐款方式来角逐2016年总统大选。

2015年5月19日，纽约证券交易所（NYSE）宣布正式推出纽交所比特币指数（NYXBT），这是全球首个由证券交易所计算和发布的比特币指数。

2015年10月，欧盟法院裁定，比特币及其他虚拟货币的交易将免征增值税（VAT）。这一决定对于比特币交易群体而言，将是一次重大的胜利。

## 2016年：政府和大企业参与

2016年1月20日，中国人民银行数字货币研讨会在京召开，会议要求早日推出央行发行的数字货币。

2016年4月28日，骨灰级游戏迷都在著名游戏平台Steam宣布接受比特币支付。Steam上有9 000多款游戏，覆盖全球237个国家和地区，用户人数超过8 900万。

2016年5月，微软加入专注区块链的数字贸易商会。

2016 年 6 月，由于投资者们广泛存在对比特币减半的利好预期，比特币迎来一波大行情。从 3 000 元到 5 179 元，比特币 1 个月涨了 72%。这也使得比特币时隔 3 年后再上央视。

2016 年 6 月，腾讯、华为加入金融区块链合作联盟。

2016 年 6 月，澳大利亚政府拍卖 2.5 万个比特币。

2016 年 7 月，比特币迎来新的一波减半。

2016 年 11 月，比特币迎来历史新高。

## 2017 年：飞速发展和经受考验的一年

2017 年，国家监管入驻国内几家知名的数字货币交易所进行检查，意味着比特币及其他数字货币正式进入监管层面，不少业内人士将 2017 年称为"数字货币的监管元年"。

2017 年 9 月，国内全面叫停 ICO，随后又全面禁止了数字货币的交易。

但与此同时，数字货币的发展有增无减，价格继续高涨，可以说，2017 年是数字货币经受考验继续前进的一年。

# 比特币的历史价格波动情况

用"过山车"来形容数字货币的涨跌，是最合适不过的。比特币是最早的数字货币，也是市场上认可度最高的数字货币，发展到今天已经将近 10 年，这期间经历了无数次的暴涨暴跌，到今天其币值也依然没有稳定。

比特币从最初的价值为 0，到 1 万枚比特币买了一块比萨，再到现在比特币的价格已经在17 000美元左右,接近10万元人民币,其价值何止翻了几万倍!

2011年4月,比特币价格第一次达到了1美元。2011年6月价格达到30美元。之后不久价格就被腰斩,再之后是长期低迷。到2012年2月不足2美元,缩水93%。

这期间可以被称为比特币暗黑时代。因为这个时期有人利用比特币,通过贩卖暴富的梦想运作一个击鼓传花的博傻游戏。但是,比特币的信奉者(比特党)坚信比特币的价值是无限的。

2013年是比特币爆发的一年,由于比特币的理念被人接受,价格由十几美元涨到1 000美元。

2013年12月5日,中国人民银行联合五部委共同发布《关于防范比特币风险的通知》,之后又是一路狂跌,到2015年1月最低到900元人民币,跌幅88%。之后开始缓慢上扬。

2017年首个星期,全球范围内的比特币交易平台都有不错的交易量。比特币作为第一大数字货币,在1月的首个星期的日交易额达到3亿~4亿美元。比特币全球交易市场价格达到2013年以来历史新高——1 145美元。

在价格上涨大约8个小时之后,比特币价格下降了15%~20%,并在1月5~6日达到875美元的低点。投机者认为,下降的原因在于中国人民银行对于比特币价格波动的警告。

不仅是涨幅惊人,从比特币6 361亿元人民币(967亿美元)市值来看,也不输给A股上市公司。从AH市值排名TOP20来看,比特币大致可以排到第11位。

此外,比特币市值还超过了多数国际知名企业,如必和必拓

（966亿美元，折合人民币6 355亿元）、高盛集团（929亿美元，折合人民币6 111亿元）、摩根士丹利（891亿美元，折合人民币5 861亿元）和Netflix（845亿美元，折合人民币5 559亿元）。

此后，比特币价格强势上涨，到2017年9月，比特币的价格曾一度突破3万元人民币大关。2017年9月初，也就是中国监管层禁止ICO（首次代币发行）和比特币交易之后，比特币价格曾一度暴跌，然而很快又逆势增长。2017年12月初，比特币又创造了一次在短短40小时中大涨40%的涨幅，击破"破万"后的5个纪录高点，触及16 000美元。此后，比特币价格在一些交易平台上一度升至19 000美元，稳定在17 000美元上下。

尽管中国投资者无法通过正规途径交易比特币，但日本和韩国投资者则在2017年下半年加速涌入市场，进一步推高了币价。

在韩国最大的比特币交易平台Bithumb，2017年12月初，比特币价格已经突破了20 280美元，远远高于美国交易平台的报价，足见交易的狂热。有行内人士认为，韩国年轻一代对比特币接受度高，是推高币价的主要势力。

为什么比特币的价格会有这么大的波动呢？原因有很多。

根据火币网最新一次抽样调查，火币的用户有80.77%交易比特币是为了短期盈利，通过差价赚取利润；有13.81%的用户将比特币当作避险资产，长期持有；还有1.26%的用户是为了进行支付。由此可见，短期投机者多是比特币价格大涨大跌的一个重大原因。

几大其他数字货币的价格涨落与比特币有着千丝万缕的联系。当比特币达到最高点时，十大数字货币价格也显著上升。然而，当比特币的价格出现波动，这些货币的价格也相应发生变化。

## 比特币的硬分叉现象

比特币的硬分叉现象是行内人士非常关注的一个问题,那么什么是"硬分叉"呢?

### 比特币分叉和硬分叉

首先我们来看看什么是比特币分叉。

比特币是一个大量网络节点共同维护的分布式账本,这些节点维护账本使用的是统一的比特币软件。如果是一个中心化的系统,例如银行的数据库,在进行软件升级时只需要在中心服务器上安装升级后的新软件即可。但是在分布式系统中进行软件升级就比较麻烦,需要在约定的时间将所有网络节点同时升级软件,如果中间有的节点没有及时升级,就有可能出现分叉。

举个例子,一个节点运行着老版本的软件,当其他节点升级后,大家继续抢夺记账权,这时候有两种情况:一是新版本的软件抢到记账权,打包成区块后广播出去,老版本的软件验证通过;二是老版本软件抢到记账权后打包成区块广播,被所有新版本软件认为区块不合法,这种情况叫软分叉。只要有超过50%的节点升级到新版本,就不会出现软分叉,只会造成运行老版本的节点拿不到奖励,逼着老版本尽快升级。

另一种情况比较严重,就是如果新版本的软件抢到记账权,打包成区块后广播出去,被老版本认为不合法,这就变成硬分叉了,会产生两条区块链。

## 硬分叉的原因

通常来说，不到万不得已，比特币软件升级会尽量使用软分叉升级的方式，避免分裂成两条链的风险。但是在 2017 年，比特币就已经发生了两次硬分叉，这其中的原因是什么呢？其实一句话概括，就是在扩容方案上，比特币技术团队和矿工之间发生了意见分歧。

目前比特币每个区块容量上限为 1MB，由于每笔交易都会占用区块容量，理想情况下处理速度是约 7 笔交易/秒，实际情况中处理速度更低。现在每个区块基本都接近 1MB，达到了区容量上限。比特币网络中有大量交易不能马上被记账，产生了交易延迟。由于提高交易费用能让自己的交易被尽快打包，用户转账的手续费越来越高。

这种情况制约了比特币的推广和发展，于是比特币社区内部提出了很多备选解决方案进行投票。

那么，中本聪在最初设计比特币时是怎么想的呢？在初始设计框架里区块大小最大可以达到 32MB，但是考虑到在比特币诞生早期币价很低，有人恶意制造的大量小额转账导致正常的转账不能被确认，影响网络正常运转，于是中本聪将比特币的区块大小暂定为 1MB。在比特币白皮书第 7 章，中本聪就明确提出了未来容量不够用的时候应该怎样进行扩容，他当初的思路是直接增加区块大小。

2011 年 Gavin Andresen 被中本聪指定为比特币的首席开发者，他吸纳了多名技术人员加入开发者团队，逐渐形成了比特币核心技术团队，我们现在称这个团队为 Bitcoin Core。2015 年年初，Gavin Andresen 提出将比特币区块一次性扩容至 20MB，但这个提案被 Bitcoin Core 的其他成员拒绝了。2015 年年底，Gavin Andresen 联合开发者 Mike Hearn 提出了将区块增大至 8MB 的方案，又被 Bitcoin Core 的其他成员拒绝了。2016 年年初，Gavin Andresen 被取消了比特币维护权，Mike Hearn 也退出了比特币社区。

Bitcoin Core 团队反对直接增大区块容量，他们的想法是比特币主链容量不变，还是 1MB，但是开启"隔离见证 + 闪电网络"。这种技术用一个形象的比喻就是：公路太窄造成交通拥堵了，但是不对公路进行翻修扩建，而是在公路边上新建一条公路，专门供小车使用，主路只让大货车通行。这条新公路就是闪电网络，新公路上跑的小车就是小额高频交易，主路上跑的大货车是大额交易。关于闪电网络，后面我们还会详细讲到。

隔离见证是什么呢？

区块链上有两种信息，一种是交易信息，另一种是见证信息，原来的区块链网络必须把交易信息跟见证信息绑定在一个区块里，占用区块容量大。现在把见证信息单独拿出来打包，不但能实现更多复杂的金融功能，而且可以在不增大区块容量的基础上提升约 70% 的扩容效果。

Bitcoin Core 虽然想在不增大区块容量的前提下开始"隔离见证 + 闪电网络"，但是却受到很多矿工的反对，大部分矿工主张直接扩大区块，或者在部署闪电网络的同时扩大区块。

比特币社区是民主和去中心化的，为了不同的升级方案吵了好几年也没能统一意见。到了 2016 年 2 月，Bitcoin Core 团队的几位开发者、主要的几大矿场主、比特币周边产业公司等在我国香港召开会议。在会议上双方各退了一步，把两个方案结合起来达成共识，在部署隔离见证和闪电网络的同时把比特币主链区块大小从 1MB 增大到 2MB，由 Bitcoin Core 主导开发，称为香港共识。

可是 Bitcoin Core 的几位开发者在共识上签完字回去之后，团队里的其他成员不认同这个方案，拒绝开发。经过这次事件，大矿场主们与 Bitcoin Core 的关系陷入冰点。

由于比特币社区多年来对于扩容升级没能达成一致意见，社区中出现了一个新的开发团队 Bitcoin Unlimited，其研发的方向是无区块容量上限的升级方案，并获得了很多矿工的支持。

也就是说，比特币网络里分成了两派——支持大区块的，支持闪电网络 + 隔离见证的。支持大区块的大多是矿工，支持闪电网络 + 隔离见证的是 Bitcoin Core（比特币核心技术团队）。

### 硬分叉的发生

这种分歧最终导致了硬分叉的发生。2017 年 8 月 1 日，在比特大陆的推动下，比特币发生了一次硬分叉，产生了名为 Bitcoin Cash 的新数字货币，这一举动打开了潘多拉的魔盒。比特币是一个分布式公开账本，所有的源代码和账本明细都是公开的。理论上，只要有一定技术实力和充足的算力支持，任何人都可以基于这个账本创造一种新的分叉币。

2017 年 11 月初，新诞生了一种分叉币 Bitcoin Diamond，2017 年 12 月又出现了超级比特币、闪电比特币等多种分叉币，行内人士甚至将 12 月称为"比特币分叉月"。

硬分叉究竟会给比特币带来什么，硬分叉后的链到底以谁为主，到目前还没有一个明显的定论，我们只能拭目以待。

# 新兴竞争币代表：超级现金

比特币和以太坊为我们打开了新世界的大门，向我们证明了区块链技术的价值和内在的潜力。随着比特币价值的水涨船高，各种数字货币层出不穷。

从 2015 年开始，一些非常有潜力的但是并不基于区块的分布式账本系统底层技术也逐渐进入我们的视野，如 DAG——有向无环图。

然而，一个最大的问题是：这几种基于完全不同系统的货币目前除了在中心化的交易所进行兑换外，并不能在这两种完全不同体系的分布式系统中自由流通。

超级现金（Hcash）就是这样一种可以实现各区块价值互联的载体。它可以连通基于区块的分布式账本和不基于区块的分布式去中心化账本系统，让所有这些去中心化的分布式账本之间的信息与价值自由流通。

## 超级现金：打破数字货币之间的隔阂

首先，我们给超级现金下一个定义：

超级现金是一种新型的数字加密货币，它可以成为连接区块链和 DAG 这两种不同技术的分布式记账系统的桥梁。

通俗地讲，比特币和以太坊为我们打开了新世界的大门，向我们证明了区块链技术的价值和内在的潜力。随着比特币价值的水涨船高，各种数字货币层出不穷。

从 2015 年开始，一些非常有潜力的但是并不基于区块的分布式账本系统底层技术也逐渐进入我们的视野，如 DAG——有向无环图。

毋庸置疑，在未来去中心化的数字世界里，比特币或者以太币或许会成为区块链分布式账簿的基础货币，而基于 DAG 技术基础的货币或许会是 IOTA（或 Byteball）以及其他新兴数字货币。

然而，一个最大的问题是：这种基于完全不同系统的货币之前除了在中心化的交易所进行兑换外，并不能在这两种完全不同体系的分布式系统中自由流通。

据 CoinMarketCap 的数据统计，截至 2017 年 6 月 13 日，全球数字资产总市值已经超过了 1 100 亿美元，其中，市值在 1 亿美元以上的数字货币有 40 种。另据 Cryptocoincharts 显示，全球数字资产的种类已经达到 4 321 种。随着全球数字资产数量和种类不断增多，跨区块间以及跨系统间的流通，已经势在必行。

如何实现链条之间的互相连接？

超级现金就是这样一种可以实现各区块价值互联的载体。它可以连通基于区块的分布式账本和不基于区块的分布式去中心化账本系统，让所有这些去中心化的分布式账本之间的信息与价值自由流通。

为了方便大家理解，我们可以给"超级现金"一个更全面的定义：本质上，超级现金是区块链和 DAG 系统的双重侧链。超级现金将建立一个新的底层技术平台以链接各种不同的区块链技术，从而让基于信任的价值在不同的区块链系统中自由流通。⊖

---

⊖ 来自于官方发布的《超级现金白皮书》。

## DAG

超级现金是基于区块链和 DAG 系统的双重侧链。这里我们简单介绍一下什么是 DAG。

DAG，英文全称是 directed acyclic graph（有向无环图），就是用不同区块"图"式结构打破传统链式结构，如图 2 所示。

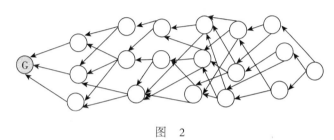

图 2

DAG 是区块链的扩容方案。

为什么要扩容呢？答案是显而易见的，10 分钟 1MB 太慢了。

以比特币为例，比特币区块速度是每 10 分钟 1MB，一个区块 1MB，一般来说可容 1 440 笔交易。也就是说，当我们进行转账时，每分钟只能通过 144 笔交易。这种时候，焦急的用户只能通过提高手续费来让自己的交易尽快被矿工打包。

如果简单地提高区块容量，例如一个区块加到 100MB，由于网速的限制会导致很多节点还没有收到或者下载完新区块，下一个区块就挖出来了，结果就是全网的不一致性提高（大家不在同一条链上挖矿），在同一条链上挖矿的算力降低，导致可靠性降低。更浅显一点的理解：传统区块链采取的是最长链，由于网络的延迟，那么很可能实际上网络里最长的链上，只有一半的算力，另外一半的算力还没来得及去挖的时候，这条链已经多了一个新区块了。从攻击者的角度讲——原来你要和全网所有其他算力竞争，现在，只要打赢一半算力就能进行51%攻击了。

DAG的解决方案是，将最长链共识改成最重链共识。每个挖出来的区块，不仅仅连在之前的一个区块上，而是连在所有区块上。随着时间递增，所有交易的区块链相互连接，形成图状结构，如若要更改数据，那就不仅仅是几个区块的问题了，而是整个区块图的数据更改。DAG这个模式相比来说，复杂度更高，更难以被更改。

这种情况下，如果有攻击者想以打赢一半的算力进行攻击，那么诚实节点会看到攻击者的链和另外一个DAG虽然一样长，但是攻击者的链上每层都只有一个块，而这个DAG上每层有两个块，于是这个DAG更重，按照规则，不选链而选DAG。DAG的好处就是即便增加区块大小或者区块频率造成网络里产生大量分叉，攻击者还是需要51%的算力才能进行攻击。

DAG（有向无环图）是不同于区块链的一种分布式账本技术，是数字资产界的一次较大的创新。DAG技术给高并发的交易提供了解决方案，把区块链二维的模式提升到三维。

## 超级现金的七大目标

传统的区块链，比如比特币、以太坊，还是采用基于诸如默克尔树这样的二叉树数据结构，如图3所示。

Hcash试图建立两个完全不同底层数据结构系统之间的通道，从而在底层技术层面兼容主流的区块链技术标准。这种挑战无疑是非常大的。Hcash的技术团队由深耕大数据、云计算以及密码学和区块链领域多年的技术专家组成,有信心能够克服各种障碍,实现系统的设计目标。

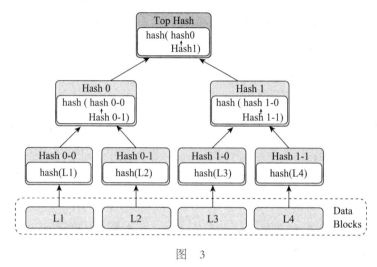

图 3

按照超级现金团队的目标和设计,研发完成后的系统将具有以下七大优势。

## 代表匿名,保护用户的隐私

Hcash 借鉴 Zcash 的零知识证明技术,不单单在资产转移的过程中可以实现双向加密,还可以应用到很多其他对交易隐私要求极高的领域。

如何理解?我们先来科普下什么是"零知识证明"。

零知识证明(被称为"zk-SNARK")是实现 Zcash 的匿名特性的核心技术。零知识证明的定义是:证明者能够在不向验证者提供任何有用的信息的情况下,使验证者相信某个论断是正确的。

举例：

A要向B证明自己拥有某个房间的钥匙，假设该房间只能用钥匙打开锁，而其他任何方法都打不开。这时有两个方法：

① A把钥匙出示给B，B用这把钥匙打开该房间的锁，从而证明A拥有该房间的正确的钥匙。

② B确定该房间内有某一物体，A用自己拥有的钥匙打开该房间的门，然后把物体拿出来出示给B，从而证明自己确实拥有该房间的钥匙。

方法②属于零知识证明。好处在于在整个证明的过程中，B始终不能看到钥匙的样子，从而避免了钥匙的泄露。

A拥有B的公钥，A没有见过B，而B见过A的照片，偶然一天两人见面了，B认出了A，但A不能确定面前的人是否是B，这时B要向A证明自己是B，也有两个方法。

① B把自己的私钥给A，A用这个私钥对某个数据加密，然后用B的公钥解密，如果正确，则证明对方确实是B。

② A给出一个随机值，B用自己的私钥对其加密，然后把加密后的数据交给A，A用B的公钥解密，如果能够得到原来的随机值，则证明对方是B。

后面的方法属于零知识证明。

有一个缺口环形的长廊，出口和入口距离非常近（在目距之内），但走廊中间某处有一道只能用钥匙打开的门，A要向B证明自己拥有该门的钥匙。采用零知识证明，则B看着A从入口进入走廊，然后又从出口走出走廊，这时B没有得到任何关于这个钥

匙的信息，但是完全可以证明 A 拥有钥匙。㊀

简单来说：

能够在不告诉别人账户余额和交易支出的情况下，证明自己的花费少于账户的余额。

能够不记录收款方的公开账户地址，使收款方收到转账。

Hcash 在客户端集成了即时通信功能，它不但能够利用暗地址实现代币的跨平台转移，也可以在日常的点对点（P2P）通信中利用零知识证明的机制实现高度的隐私通信，更能够跨越平台实现诸如从 Hcash 客户端到 Byteball 客户端的加密通信。因此，Hcash 实现了从交易账户地址、交易金额到账户余额的完全隐私保护。㊁

### 代表蜂巢，全面兼容

Hcash 具有双重侧链，同时兼容区块链和 DAG 两种分布式系统，实现基于区块链和非区块链的信息与价值的互联互通。其中 Hcash 是跨平台价值互通的媒介，而 Hcash 平台本身是跨平台信息交换的载体。Hcash 将会在这两个完全不同的底层数据结构系统之间搭建一个通道，从而在底层技术层面兼容主流的区块链技术标准。

基于 Hcash 系统的设计特点，Hcash 在系统初始设计阶段已经考虑到了对基于区块链的系统（包含基于 UTXO 和 Account Based）和 DAG 为基础的分布式账簿信息的读取。

与此同时，Hcash 的货币体系设计也兼容 Zcash 的透明地址与

---

㊀ 案例来自于超级现金官方公众号，公众号名称为"Hcash 平台"。
㊁ 内容来源于《超级现金白皮书》。

暗地址以及 Byteball 的 Whiteball 与 Blackball 的地址体系。因此，在不久的将来，可以基于 Hcash 实现区块链与 DAG 系统之间直接发送或接受明（White）暗（Black）代币。同时，也能够在 Hcash 客户端之间实现基于零知识证明的完全加密通信，以及其他一系列激动人心的特性。

### 代表 DAO 去中心化自治组织治理结构

在 Hcash 的系统内，有 5% 的代币会发送到一个 DAO，由 Hcash 的全体持有者通过即时动态投票来决定资金的用途。DAO 的生态体系为 Hcash 社区提供了源源不断的活力与积极向前发展的动力，同时，Hcash DAO 的代码会经过严格的审核并在初期加入必要的人工干预（由基金会邀请第三方进行代码安全审核），以保障 DAO 在早期的资金运用过程中不出现重大失误。

为了帮助大家理解这句话，简单介绍下几个概念。

#### DAC

为了对 DAC 有一个明晰的定义，我们总结了 DAC 所必需的七点特征。

（1）公开性：DAC 系统的设计公开透明，公开透明性是整个 DAC 系统的基石。一个暗箱操作的组织不能作为 DAC，现在的软件开源精神成为公开性的一个典型范例。

（2）去中心化特性：没有中心化个人和组织能控制整个 DAC，这条特性决定了自相似性，去中心化特性保证了 DAC 系统的生命力。

(3) 自治性: DAC 系统人人可以参与, 参与者都是 DAC 系统的子公司或者子单元, 并从自身角度促进 DAC 的发展。参与者的自发行为保障了 DAC 的运行。

(4) 价值性: DAC 系统必须是具有使用价值的, 例如比特币系统的国际支付网络、匿名交易、避税、价值储存、不可冻结、不可监管的特性, 这条特性决定了比特币 DAC 系统的盈利性。

(5) 盈利性: DAC 的参与者会获得 DAC 系统发展的奖励, 盈利性由 DAC 本身的价值性决定。

(6) 自相似性: 即使在只有部分 DAC 节点的情况下, DAC 系统仍能正常运作并发展, 部分单元节点的摧毁不会影响 DAC 的发展, 由去中心化特性保证。

(7) 民主性, DAC 系统核心协议的改变需要绝大多数单元的投票才能完成, 去中心化特性和自治性决定了 DAC 必须是一个能够民主投票的系统。

### DAO

去中心化自治组织 (DAO) 是密码学技术革命的最理想的产物。DAO 的源头可以追溯到 Ori Brafman 在《海星和蜘蛛》(2007年) 中描述的组织的去中心化, 和 Yochai Benkler 在《网络财富》(2006年) 中描述的 "对等生产"(peer production)。但是这两个概念被与密码学货币相关的技术所连接起来, Dan Larimer 提出了 DAC 的概念, 他将比特币看作一个 DAC。

Vitalik (以太坊创始人) 将 DAC 概念进行扩展, 提出了更为普遍的 DAO 概念（分布式自治组织）。不受监管的众筹和服务拆分是 DAO 的构成要素，还有密码学技术管理层和基于信任的自动化，这使得 DAO 能够运行起来。正如 Stan Larimer（著名区块链公司 Cryptonomex 的创始人）所说，"在一组商业规则的控制下，不需要人类的参与。"

然而这种理想状态下的自治组织，如果在系统设计阶段不进行严格的把控，也会造成非常严重的后果。2016 年 6 月，史上最大的以太坊众筹项目 The DAO，这个众筹超过 1.5 亿美元的分布式自治组织，因为代码漏洞，遭受黑客攻击，在当时损失超过 360 万以太币，当时的价值超过 6 000 万美元。其引发了 ETH 社区分裂，并造成现有的 ETC 与 ETH 双链共存局面。

## Hcash 是如何解决这个问题的呢

在 Hcash 的系统内，有 5% 的代币会发送到一个 DAO，由 Hcash 的全体持有者通过即时动态投票来决定资金的用途。例如，开发钱包等基础设施建设，或者进行公开推广等商务公关活动。DAO 的形态为 Hcash 社区提供了源源不断的活力与积极向前发展的动力，同时，Hcash DAO 的代码会经过严格的审核并在初期加入必要的人工干预（由基金会邀请第三方进行代码安全审核），以保障 DAO 在早期的资金运用过程中不出现重大失误。

## 代表混合，双重共识机制更安全

数字货币社区的协同一直是个难以解决的问题，众所周知的比特币协议升级斗争在过去两三年的时间内一直影响着社区的发展。而类似于 Zcash 的过分中心化的数字货币则排除了社区其他成员的参与权。

Hcash 参考了 Decred 和 Dash 的部分理念，提出了 Instant-Open-Governance（即时开放治理系统），所有持币者可以通过 PoS 挖矿机制参与社区的重大决定，包括协议的更新和升级。更为先进的是，Hcash 提供了一个平滑的执行方式，一旦投票通过，所有的决定将会被记录在区块链上且强制执行。这样就避免了矿工、矿池、交易所、钱包服务商的协同难题。并且，PoW 和 PoS 的挖矿过程是有机结合起来的，二者共同保证了系统的安全性。

PoW 和 PoS 有机结合具体是怎么操作的呢？

首先，PoW 机制的存在是为了防止早期投资者在 PoS 分发机制中所占的收益比重过大，同时 PoW 是目前已经被证明的最能够有效地保障区块链系统安全的机制。虽然它不可避免地要消耗部分能源，但是，从有效地保障系统安全的角度考虑，我们认为是值得的。

我们所讲的 PoW 和 PoS 挖矿相结合，具体是这样操作的：

首先以一种传统的 PoW 方式开始挖矿，矿工相互竞争来解决密码谜团。根据这种实施，挖出的区块不包含任何的交易（它们更像模板），所以赢得的区块将会仅仅包括一个 header 和该矿工的奖励地址。

这时候，系统将会切换到 PoS。基于这个 header 的信息，一组随机的 validator（验证器）被挑选出来对这个新的区块进行签名。持币越多的 validator，被选中的概率越大。一旦这些被选中的 validator 全部完成对该区块的签名，该模板就成了一个完整的区块。如果这些被选中的 validator 不可用于对该区块进行签名，那么将会被选中对下一个区块进行签名，然后选出新一组的 validator，直到该区块获得正确数量的签名。手续费将会被分配给矿工和参与该区块签名的 validator。

PoW 和 PoS 结合的优势何在？

对于 PoW，合格的区块可以表述为：

F（Nonce）<Target

其中 Nonce 是随机元素，Target 是合格区块的量化，每个记账节点的 Target 一致。此外 PoW 的成功运行还需要配合如下两条约定。

（1）Best chain 原则：将最长的链条视为正确的链条。

（2）激励原则：找到合格的区块有奖励收益。

关于 PoW，前面已经讲过，这里不再赘述。

对于 PoS，合格区块可以表述为：

F（Timestamp）< Target * Balance

上面的 PoS 方式是目前 nxt 与 Blackcoin 所采取的 PoS 机制。最简化版本的 PoS 机制很容易引起财富中心化问题，同时对整个系统安全构成重大影响。

因此，我们必须在考虑 Stake（Balance）的同时，加上另一个变量来尽量避免由于单纯地参考 Balance 所造成的中心化以及安全问题。与 PoW 相比，公式左边的搜索空间由 Nonce 变为 Timestamp（时间戳），Nonce 值域是无限的，Timestamp 极其有限，一个合格区块的区块时间必须在前一个区块时间的规定范围之内，时间太早或者太超前的区块都不会被其他节点接纳。公式右边的目标值（Target * Balance）越大，越容易找到一个区块。因为 Timestamp 有限，PoS 铸造区块成功率主要与 Balance（Stake）有关。

Hcash 的 PoS 机制将借鉴现有的 PoS 机制，在保障系统安全性的前提下，提高 PoS 的效率，着重提升用户在使用 PoS 机制时数字货币的安全性。

### 代表坚如磐石，抗量子攻击算法

Hcash 从最初的系统设计开始就考虑了量子抗性，即使在未来量子计算机商用之后，Hcash 仍然可以给用户提供安全的信息及价值加密服务。Hcash 将会开发可与 OpenSSL 一同工作的 Ring-LWE 密钥交换协议，实现后量子时代区块链的安全问题。

在当前以比特币为代表的区块链系统中，SHA-256 哈希计算和 ECDSA 椭圆曲线密码构成了比特币系统最基础的安全保障。但随着量子计算机技术不断取得突破，特别是以肖氏算法为典型代表的量子算法的提出，相关运算操作在理论上可以实现从指数级别向多项式级别的转变。因此随着技术的进步，比特币在未来遭受量子攻击是完全可能的。

#### 什么是量子攻击

量子计算是建造计算机的新方式，在某些情况下，它的算法加速量非同寻常。正是这种特性使得原来在电子计算机㊀环境下的一些困难问题，在量子计算机㊁环境下却成为容易计算的。量子计算机的这种超强计算能力，使得基于计算复杂性的现有公钥密码的安全受到挑战。这就是量子攻击。

抗量子攻击意味着什么呢？

目前的绝大部分算法，都无法抵挡量子攻击。这意味着用户的所有信息，都将会暴露在量子计算机面前。如果有了抗量子攻击算法，意味着个人的信息得到最安全的保障，至少以目前的技术手段是无法破解的。抗量子攻击算法（也称为后量子密码）意味着安全。

抗量子攻击算法如果研发成功并成功应用于 Hcash，Hcash 将成为数字货币行业第一个采用抗量子攻击算法的数字货币，对数字货币行业和其他数字货币的影响都是深远而具有划时代意义的。

**代表避风港**

Hcash 的地址分为明地址和暗地址，分别对应 Zcash 的透明地址和 Byteball 的 Whitebyte 以及 Zcash 的 Z-Add 和 Byteball 的 Blackbyte。Hcash 的用户可以在自己的钱包或者客户端进行明暗地址的转换，但是 Hcash 的代币总数量保持不变。在不同系统之间转换或发送的时候可以按要求发送明地址币或暗地址币。

---

㊀ 电子计算机就是我们通常所说的电脑。
㊁ 量子计算机是一种遵循量子力学规律进行高速数学和逻辑运算、存储及处理量子信息的物理装置。

### 代表便捷

Hcash 在系统设计阶段就考虑与基于 DAG 技术的后区块链系统的交互，因此会借鉴 DAG 的特性与优势。在 Hcash 系统中交易的确认时间几乎是瞬时的。同时因为 DAG 并不基于区块，所以并不存在所谓区块大小的限制，理论上，单位时间能够容纳的交易量是非常庞大的（Hyper Transaction Per Second，HTPS）。而同时 Hcash 又需要考虑与基于区块的区块链系统的交互。所以，Hcash 能够在有限的区块体积下实现单位时间的海量交易，从而真正地实现"超级现金"的功能。

## 超级现金的开发路线图

### Hcash 的数量规划

Hcash 的代币总量是固定的，总量上限接近 8 400 万，总体分为六个部分。

（1）PoW 产出 2 100 万（25%）。

（2）PoS 产出 2 100 万（25%）。

（3）众筹（ICO）以及免费分发 2 100 万（25%）。

（4）早期投资者（Pre-ICO）1 260 万（15%）。

（5）开发团队 +Hcash 基金会 420 万（5%）。

（6）Hcash-DAO 420 万（5%）。

## Hcash 开发线路图

Hcash 开发线路图如下图所示。

|  |  |
|---|---|
| Hcash Foundation | · 2017年第3季度<br>· 海外注册成功并开始运作 |
| The DAO | · 2017年第3季度<br>· The DAO代码完成审核并开始运作 |
| QR | · 2017年10月<br>· 抗量子密码功能开发完成 |
| Hcash Core | · 2017年第4季度<br>· 完成Hcase测试版核心代码，实现跨平台代币的转移 |
| PoW | · 2018年1月初<br>· PoW挖矿功能开发完成，Test Chain运行 |
| PoS | · 2018年1月末<br>· PoS挖矿功能开发完成，Mainchain开始运行 |
| Hcash/Hshare | · 2018年2月<br>· Hcash/Hshare开始1:1兑换，销毁收回的Hshare |
| H-comm | · 2018年第2季度<br>· 完成Hcash测试版，基于0知识证明的客户端加密通信 |
| H-comm+ | · 2018年第3季度<br>· 实现基于Hcash客户端与Byteball的加密通信 |
| Hcash Only | · 2018年第3季度<br>· 完全销毁Hshare |
| Hcase+ | · 自2018年第4季度起<br>· 持续接入以区块为底层架构的平台 |
| Hcash-ECO | · 迭代改进+新功能开发，建立生态体系 |

Hcash开发线路图

## Hcash 与 Hshare

因为技术团队需要较长的时间来实现 Hcash 的代码和功能

开发，所以在 ICO 结束之后，所有投资人会先获得 Hshare 作为代币，该代币基于 UTXO 模型的稳定区块链系统进行开发。而在 Hcash 主链上线之后，可以在任何上线 Hshare 的交易所或者 Hcash 官方团队与 Hcash 进行 1:1 兑换，并于大约 10 个月后完成所有的承兑与替换。Hcash 团队将使用技术手段销毁所有的 Hshare。在最后截止日期后，所有的 Hshare 将被永久销毁。Hshare 的开源代码在 Hcash 的 GitHub 页面下，每个人都可以阅读审核 Hshare 的源代码并确认 Hsahre 的发放总数量与 Hcash 白皮书所规定的 Hcash 数量一致。

## 超级现金项目的风险

### 政策性风险

目前，虽然多数政府对区块链相关产业态度明朗并给予积极鼓励政策，但公有区块链天生的去中心化属性在与现有的中心化政府的法律法规下依然面临政府政策层面的很多不确定性。针对政策性风险，Hcash 团队将会采取如下措施：

在团队单独设立公共关系部门，积极与政府以及业内从业人员保持沟通协作，在法律框架下设计数字资产发行、交易、区块链金融、区块链应用等方面业务。

Hcash 项目运营不涉及法定货币交易，但并不干涉第三方交易所开展 Hcash 兑法币交易业务，Hcash 团队只专注技术。

## 市场风险

Hcash 的终极目标是实现价值在区块链系统中的去中心化自由流动,然而区块链产业刚刚兴起,项目的未来会面临各种各样的市场考验。针对市场风险,运营团队采取的应对方式为:

Hcash 运营团队将定期地参与业内会议,并定期或不定期举行项目进展发布会,与相关开发者沟通并交流目前的市场需求与前景预测,确保项目能够回应社区与市场的声音。

## 技术风险

Hcash 要建立跨平台的新技术标准,这其中的技术开发难度是非常巨大的,这对于顶尖技术人才的需求以及科研的投入力度要求都是非常高的。如果把控不好,会影响项目进度甚至最终导致项目的失败。针对技术风险,运营团队采取的应对方式为:

紧紧依托国内外顶尖著名高校与区块链社区,与顶尖高校共建区块链技术创新实验室。基金会定期拨款,支持 Hcash 社区建设并与其他区块链社区开展深度合作,确保项目的技术风险可控。

## 资金风险

资金风险是指项目资金出现重大损失,例如,资金被盗,在预定时间内因为人员与资金问题无法完成开发进度等。针对资金风险,运营团队采取的避险方式为:

所有大额数字货币存储采取多重签名钱包+冷存储方式,由基金会理事共同掌管。在 3/5 多重签名方式下,可以有效降低资金被盗以及被私人挪用的风险。

# 数字货币产业链

数字货币发展到今天,已经形成了完整的产业链。上游产业链有挖矿,中游产业链包括交易平台、信息媒体和钱包等,下游产业链有支付、理财等环节。

剑桥大学在 2017 年推出了一份共计 114 页的全面数字货币研究报告:在挖矿这个环节,2014 年全球矿业总收入为 7.86 亿美元,而 2016 年仅为 5.63 亿美元,这显示采矿难度在不断增加。[一]钱包的种类也越来越多,移动钱包应用程序是最普遍的,65% 的用户都在使用。而在交易这一块,欧洲的交易所数量最多,其次是亚太地区。虽然数字货币交易所在国内被叫停,但是数字货币产业依然繁荣。

总的来说,美元是最广泛运用的兑换货币,65% 的交易所中都有使用。欧元以 49% 的比率位居第二。研究显示,活跃的钱包数量估计在 580 万到 1 150 万之间。在活跃的钱包使用中,只有 32% 的人使用封闭的源代码软件,而另外的 68% 都是开放源码,移动钱包应用程序是最普遍的,65% 的用户都在使用。

---

[一] 原文来自 https://www.cointelegraph.com/news/key-findings-from-cambridge-cryptocurrency-study,由币猫翻译。

## 矿机产业的发展及现状

矿机业具有完备的上下游企业,甚至还产生了配套企业。生产一款矿机大概需要涉及以下几种企业:芯片设计公司、芯片厂、封装厂、矿机设计公司、矿机加工厂等,它们的终端消费者中存在大量的矿工。

在矿机生产领域,主要有芯片设计、流片和封装、矿机设计和加工这几块,基本情况如下。

### 芯片设计

其实芯片设计的流程与很多产品设计流程是一样的。首先,需要明确产品的功能,这一点对于虚拟货币矿机而言,就是为某种算法提供算力。为了实现这一功能,设计团队可能会拿出多个解决方案,最终选择一个可行的、性价比最高的方案。

芯片设计还是颇具技术含量的,能否成功设计出芯片,很大程度上取决于设计团队的经验,但是它的设计成本并不高,10几个人的团队,几个月的时间就可以做出来。因此,很多创业团队将目光瞄向这一领域。

如果设计团队在芯片流片后,发布IPO募集资金,就等于是把所有风险都转嫁给了投资人。如果设计团队自己投资与芯片厂签订合同,那么他们将自担风险。

### 流片和封装

芯片设计的最后一步是流片,流片需要交给芯片厂来完成。

流片在测试后确实能够工作了，才会量产，量产时会封装。

芯片流片和封装的价格是非常昂贵的，且价格与出货量有关。但是，矿机使用寿命通常只有半年，所以每次制造芯片的量不可能很大。

实际上，芯片厂和封装厂是独立于比特币矿机业之外的。矿机芯片对整个产业的影响不大。

## 矿机设计和加工

矿机设计可以与芯片设计同时进行，也可以由同一个团队来完成。一般情况下，芯片设计团队也会提供基本的矿机设计方案。在没有拿到样片之前，团队可以用芯片的仿真参数开展板型、散热和供电设计。等拿到样片之后，需要进行测试和调整。

矿机设计和加工门槛较低，但是需要大量的资金。在这个过程中，矿机商可以通过预售将风险转嫁给矿工。不过，就算卖不出去，也可以通过挖矿的方式收回一定的成本。

矿机业发展到今天，已经经历了 CPU 挖矿、显卡挖矿、矿池这几个阶段。

虽然矿工是矿机产业链的终端，但实际上矿机业的兴衰取决于背后的群体——参与数字货币投资的人。只有投资的人多了，把整个行业的蛋糕做大，产业链的每一个环节才能赚取更多的利润。

截至目前，比特币挖矿造成的电力消耗已经初具规模，约占全国用电总量的万分之一。如果比特币价格再涨 100 倍，整个网络的用电量很有可能达到全国的百分之一。届时，能源消耗将成为一个显著的问题。

## 层出不穷的各类钱包

剑桥大学在 2017 年推出了一份共计 114 页的数字货币研究报告,报告显示:

市场上活跃的钱包数量估计在 580 万到 1 150 万之间。由于许多用户都在积极地存储数字货币,数量范围的巨大差异可能与定义活跃钱包的难度有关。

最活跃的钱包用户来自北美和欧洲,占比 30% 左右。

在活跃的钱包使用中,只有 32% 的人使用封闭的源代码软件,而另外的 68% 都是开放源码,移动钱包应用程序是最普遍的,65% 的用户都在使用。

超过一半被调查的钱包供应商提供综合的货币兑换服务,另外,20% 提供信用卡相关服务,76% 的注册钱包供应商没有许可证。

提供货币兑换服务的钱包中,有近一半的钱包都是第三方交易所,这就引发了有关安全性的问题。⊖

交易所每隔一段时间就出事,个人投资者丢币的新闻也是不绝于耳,如何选择钱包呢?

总体来说,钱包和我们平时的网银、第三方支付差不多:越安全的方式越不便捷,越便捷的越不安全。我们简要介绍一下几种著名的钱包。

### 热钱包

Blockchain 是最有名的在线钱包,用户量非常大,安全性在

---

⊖ 原文来自 https://www.cointelegraph.com/news/key-findings-from-cambridge-cryptocurrency-study,由币猫翻译。

在线钱包里一流。但是所有在线钱包都有一个问题，不是不安全，而是新手用起来觉得复杂，不会用。

### 脑钱包和纸钱包

纸钱包和脑钱包并不是完整意义上的比特币钱包，因为使用纸钱包或脑钱包，就无法使用上面的比特币，发币时还得借助其他钱包导入私钥。纸钱包和脑钱包仅仅是保存比特币私钥的两种方式。

脑钱包的可靠性存疑，纸钱包和 U 盘钱包差不多，有些人会嫌麻烦。

### HD 钱包和轻钱包相结合

目前，这种应该是兼顾安全性与易用性的最优解决方案。HD 钱包解决了每次都要换地址导致可能丢币的情况，轻钱包解决了原版钱包占用大量硬盘空间和同步慢的问题。

### 硬件钱包

硬件钱包的问题：一是厂家可能留有后门，但是开源项目一般比较可靠。二是硬件可能被破解，这个概率也较低。

## 数字货币的交易方式

随着数字货币的繁荣，数字货币交易所如雨后春笋般一个接一个上线，目前全球已经超过 200 家了。

例如，最新的币易 Coinyee 于 2017 年 11 月 23 日正式上线，其不仅支持比特币、莱特币、以太坊、人人币等币币之间的数字货币资产交易，还提供数字货币与人民币交易。币易 Coinyee 还支持 web、ios、android、h5、微信、pc 客户端等多种终端渠道，并支持世界范围内多种主流语言。

根据剑桥大学 2017 年的一份 114 页的报告：

欧洲的交易所数量最多，其次是亚太地区。截至 2017 年 3 月，Bitfinex 在所有交易所的市场份额最高，达到 16%。然而，总体市场份额 25% 来自于较小的组合交易所。总的来说，美元是最广泛运用的兑换货币，65% 的交易所中都有使用。欧元以 49% 的比率位居第二。

在交易所进行的交易中，比特币一般都用以太坊和莱特币交易。Ripple 币、以太经典、Monero、Dogecoin 和 Dash 也很普遍。

这些在线交易所主要通过持有用户的私钥来操作。事实上，73% 的交易所通过控制私钥来接管用户的数字货币基金。[⊖]

## 场外交易

什么是场外交易呢？

场外交易，是指交易主体以双边授信为基础，通过自主双边询价、双边清算进行实时交易。简单地讲，场外交易就是用户之间点对点的交易，平台仅收取服务费。

数字货币场外交易平台（P2P），仅提供交易信息，不参与交易，但收取费用，单笔交易盈利不见得低于场内交易平台，但成本显著降低（因为不涉及报价、撮合成交等技术投入）。现阶段在

---

⊖ 原文来自 https://www.cointelegraph.com/news/key-findings-from-cambridge-cryptocurrency-study，由币猫翻译。

中国，三大场内交易平台被封杀后，场外交易量开始加大。

点对点场外交易主要有哪些特点呢？

（1）场外交易市场是一个分散的无形市场。它没有固定的、集中的交易场所，而是由许多各自独立的经营机构分别进行交易。

（2）场外交易市场的组织方式采取做市商制。场外交易市场与交易所的区别在于不采取经纪制，买方与卖方直接进行交易。

（3）场外交易市场是一个自由的市场。未能在交易所上线交易的币种，可以在场外市场与买卖方协议成交。

（4）场外交易市场是一个以议价方式进行交易的市场。在场外交易市场上，买卖采取一对一交易方式，但场外交易市场的价格决定机制不是公开竞价，而是买卖双方协商议价。

（5）场外交易市场的管理比交易所宽松。由于场外交易市场分散，缺乏统一的组织和章程，不易管理和监督，其交易效率也不及交易所。但是，借助互联网将分散于全国的场外交易市场联成网络，在管理和效率上都有很大的提高。

中国的数字货币投资者目前还是场内场外相结合。

## 场内交易

场内交易就是在交易所里进行交易。

按照正规的香港比特币交易所的 KYC 规定（反洗钱身份验证），用户需要居住在我国香港地区，并提供详细的身份证明。然而，有很多注册在香港的平台的身份认证形同虚设，很多内地投资者通过香港平台进行场内交易。

虽然我国内地禁止了场内交易所，但是日本、德国、加拿大等国家或地区对数字货币不仅完全支持，还推行各种政策推动该行业发展，因此许多国内数字货币持有者会选择我国香港地区或者国外进行场内交易。

## 为规避监管而产生的代币

为规避监管风险，产生了许多在交易过程中所使用的代币。

为什么会出现这种代币呢？

数字货币的交易目前在全球多数国家还是处在一个监管的空白期，直接用美元交易，牵扯到很多资金的转账问题，很容易受到监管的注意和限制。但如果使用代币，实际上相当于是一种数字货币，用数字货币计价，在一定程度上规避掉了一些问题。

这种代币虽规避了一些风险，但会带来新的风险。例如，这些代币实际上也存在很多不确定性，比如被盗、滥发、监管缺失等问题。

## 交易平台及行业相关网站推荐

交易平台推荐：比特时代（btc38.com）有全额保证金，有多个币种可交易，行业信誉好。缺点是早期上架的一些老币种经过竞争或将被淘汰，需注意。

看币网站1：coinmarketcap.com，此站收录的币种非常齐全，依市值给币种排名。

看币网站2：www.coingecko.com，此站币种排名更科学，依公众兴趣热度等排名。

论坛推荐：8btc.com，国内最大行业论坛。

# 政府对加密数字货币的态度

各国对比特币及其他加密数字货币的态度一直处于变化之中，以中国、法国、韩国等为代表的国家对比特币持较为谨慎的态度，对比特币的管理相对比较严苛，以日本、德国、澳大利亚为代表的国家对比特币及其他加密数字货币的态度比较友好，承认比特币的合法地位。

从最新的动向来看，越来越多的国家将比特币纳入到了监管的范畴。

## 国内对数字货币的态度变化情况

目前，包括中国在内的各个国家均未承认比特币的货币属性。

比特币在国内大热之前，中国当即谨慎地接受了这项技术。在 2013 年 5 月，中央电视台甚至播出了一个关于比特币的短片。

中国央行于 2013 年 12 月 5 日下午发布《关于防范比特币风险的通知》，央行在这一通知中称比特币不是货币，只是一种虚拟商品，金融机构和支付机构不得开展与比特币相关的业务。这是比特币被国内央行限制的开始。

2014 年，中国央行于 3 月中旬向央行各分支机构下发了《关于进一步加强比特币风险防范工作的通知》，该文件要求各银行和第三方支付机构，在 4 月 15 日前关闭 15 家境内比特币平台的交易账户。这表明，在中国金融机构为比特币网站平台的交易账户开户不合法，除非现金交易，比特币的投资者无法在中国境内为交易进行银行转账、第三方支付。

2014年，央行在《中国金融稳定报告（2014）》中明确表态：比特币不是真正意义上的货币。理由包括比特币没有国家信用支撑，没有法偿性和强制性；规模存在上限，难以适应经济发展的需要；缺乏中央调节机制，容易被过度炒作，导致价格剧烈波动，无法成为计价货币和流通手段；具有很强的可替代性，很难固定地充当一般等价物等。

在这份报告中，央行还提到了对比特币的一些担忧，例如网络交易平台容易产生价格操控和虚假交易等行为；比特币价格缺少合理的支撑，容易沦为投机炒作的工具；比特币交易具有较高的隐蔽性、匿名性和不受地域限制的特点，为毒品、枪支交易和洗钱等违法犯罪活动提供了便利。

此后的2015年和2016年，央行没有对比特币及其他数字货币做特别明确的表态。

2017年，北京和上海两地的金融主管部门组成联合检查组，于2017年1月12日先后进驻"比特币中国""火币网""币行"等比特币、莱特币交易平台，就交易平台执行外汇管理、反洗钱等相关金融法律法规、交易场所管理相关规定等情况开展现场检查。中国人民银行上海总部、上海市金融办等单位组成的联合检查组也在同一天对比特币中国开展现场检查，检查重点包括是否超范围经营，是否未经许可或无牌照开展信贷、支付、汇兑等相关业务，是否有涉市场操纵行为，反洗钱制度落实情况和资金安全隐患等。这一系列的行为，意味着比特币进入了监管层的视野，也有很多业内人士将 2017 年称为"数字货币的监管元年"。

2017 年 9 月 4 日下午 3 点，中国人民银行领衔网信办、工信部、工商总局、银监会、证监会和保监会等七部委发布《关于防范代币发行融资风险的公告》（以下简称《公告》）。《公告》指出代币发行融资本质上是一种未经批准非法公开融资的行为，要求自公告发布之日起，各类代币发行融资活动立即停止，同时，已完成代币发行融资的组织和个人做出清退等安排，合理保护投资者权益，妥善处置风险。

继重拳出击 ICO 之后，监管层又对准了比特币交易平台。紧接着，监管层全面叫停比特币交易。火币网、OKCoin 币行、比特币中国等交易所纷纷宣布将在 9 月 30 日前关停所有交易业务。

## 对比特币及其他数字货币持谨慎及限制态度的国家

除了国内，对比特币及其他数字货币持谨慎、限制甚至是反对的国家还包括韩国、美国、厄瓜多尔、尼日利亚、法国等。

### 韩国

据韩联社报道，韩国金融服务委员会在 2017 年 9 月 3 日表示，将加大对比特币等数字货币的监管，并对利用数字货币进行洗钱、非法融资和其他违法交易的行为展开调查。该委员会称，应警惕近期数字货币的交易量和波动范围"过度"带来的风险，并声称政府有必要对数字货币进行监管，以防止违法交易和单纯的投机行为。

韩国于 2017 年 9 月 29 日宣布，禁止所有形式的 ICO。

## 美国

需要指出的是，美国实行联邦制，各个州对待比特币的态度有所不同。

早在 2013 年，美国财政部金融犯罪执法系统曾发布指南，明确指出不能因为虚拟货币不是真实的货币，其相关主体就能逃脱货币转移服务法的监管。

华盛顿州对比特币的管理比较严格，2017 年 4 月通过了 5031 号法案，规定了数字货币交易所需要申请牌照，同时要求独立第三方审核，并要求购买一定金额的"风险保证债券"，这个保证金大小与其前一年进行的交易额相关。这也导致大批比特币公司脱离华盛顿州，去往相对管制宽松的州。

对于比特币的一些衍生金融产品，美国不同监管部门的态度也不一样。比如 2017 年，美国证券交易委员会（SEC）以市场缺乏监管为由驳回了两个比特币 ETF 的申请，但也同意了发起人继续申请。而 2017 年 7 月 25 日，经美国商品期货交易委员会（CFTC）的批准，加密货币交易平台 LedgerX LLC 获得合法地位，正式成为一家合法的数字货币交易所及衍生品合约清算所。

从全国层面讲，美国证券交易委员会宣布 ICO"受联邦证券法的管制"。

## 厄瓜多尔

禁止比特币，建立国家数字货币。2014年，厄瓜多尔国民大会通过了修改国家现有货币和金融法律的法案，法案禁止比特币和其他去中心化数字货币，并将发行由本国央行背书、本国流动资金支持的数字货币，由国家中央银行背书，并整合到其广泛的金融系统，由国民议会监管。发行数量将视本国国民需求而定。

## 尼日利亚

尼日利亚央行在2017年规定，金融机构不应使用或持有虚拟货币，否则必须自担风险。

## 法国

法国中央银行——法兰西银行曾在2013年12月5日警告比特币存在风险。同时还表示，比特币不是一种可信的投资渠道，并没有对金融稳定性造成实质影响。但是，比特币对持有者构成了风险。

近年来，法国对比特币的态度有所松动，认为数字货币不应该被认同为一种货币，但数字货币交易并不违法。不过法国财政部表示：虽然国家并没有正式认可比特币，但从数字货币交易中产生的收入也必须纳税。

# 对比特币及其他数字货币中立及相对友好的国家

## 日本

在所有的发达国家里，日本是最积极的，它一方面强调对虚拟货币进行预防犯罪的监管，另一方面，进一步采取欢迎虚拟货币的行动。

2017年3月，日本内阁承认比特币合法的形式，取消从交易所购买比特币交易的税。

2017年4月1日，日本国内对修订过的《支付服务法案》正式生效，比特币作为虚拟货币支付手段合法性得到承认。这个修正法案还对《犯罪收益转移预防法案》进行了修订，要求比特币交易所实施比目前更加严格的KYC政策。交易所必须核查开户用户的身份，保管交易记录，并且向监管机构报告可疑交易。

2017年7月1日，日本新版消费税正式生效，比特币交易正式不再需要缴纳8%的消费税。也就是说，日本政府已经批准免除数字货币交易税，包括比特币。

不仅如此，相对于全球多个国家加强对虚拟货币的审查并停止ICO之后，日本的金融服务局于2017年9月29日公布，有11家虚拟交易货币平台获得注册，而截至2017年12月30日，已有16家数字货币交易所批准注册。

## 澳大利亚

2017年7月1日，澳大利亚的比特币立法生效，在该国的比特币交易的交易税将更低。澳大利亚政府兑现了承诺，在2017～2018年预算中宣布数字货币交易将不再需要重复缴税。也就是说，从7月1日起，购买数字货币将不再属于GST的范围，允许数字货币被当作货币一样用于GST用途。此前，使用比特币的澳大利亚消费者需要缴纳两次 GST：一次是在购买比特币时，另一次是在使用比特币兑换其他商品和服务时。

澳交所在 2017 年 12 月宣布，将把其交易后结算平台 CHESS 转移到区块链初创企业 Digital Asset 开发的区块链系统中，这意味着澳交所将成为全球首个将核心服务之一转移到区块链系统中的主流交易所。

### 俄罗斯

俄罗斯对比特币的态度经历了从反对到友好的重大转折。

2014 年 2 月，俄罗斯总检察院办公室发表声明，明确禁止在俄罗斯境内使用比特币，"俄罗斯联邦的官方货币是卢布。禁止引入其他货币单位和金钱代用品。"

2015 年，俄罗斯央行表示会采取反对的措施，将会把使用比特币视为不当的行为。此后，俄罗斯财政部副部长表示，该部门正拟定一项法律草案，将对那些把加密货币转换为卢布的人判处 4 年有期徒刑。

然而，2017 年后，俄罗斯政府的态度发生了变化。

2017 年 4 月，俄罗斯财政部副部长 Alexey Moiseev 表示俄罗斯有可能会在 2018 年视定加密货币为合法，此后这位副部长又表态，可能禁止"不符合资质"的普通散户参与加密货币交易，政府将只允许合格的投资者购买加密资产。但是随后不久，俄罗斯央行金融科技中心明确指出，当前在俄罗斯谈论加密货币合法化为时尚早。

最新的消息是，俄罗斯央行提议将比特币定为数字商品，并对其进行征税。

宣布参加 2018 年俄罗斯总统大选的季托夫承诺，如果当选，"将合法化比特币和其他在俄罗斯的加密货币"。

## 英国

英国对比特币的态度也相对友好。英国央行在 2017 年表示，该行将使用数字货币背后的技术概念（即区块链技术）来对其进行更多的监管，并提供新方式来刺激经济。此外，英国并未对比特币进行大量监管，也没有要求贯彻 KYC（认识你的用户）、AML（反洗钱法）原则。

## 新加坡

同中国一样，新加坡在 2013 年时就表态，将比特币等同于商品处理。不同的是，中国主要是出于防范金融风险的考虑，否认其货币属性。而新加坡主要是征税的考虑，其税务局表示，当比特币被出售或者对商品进行支付的时候收取一定赋税。

2016 年，新加坡金融管理局（MAS）宣布了一项对于新加坡几类特定数字货币企业的监管计划，要求比特币公司在经营中必须确认顾客的身份，并对可疑交易进行上报，以遏制比特币洗钱以及其他的违法活动。但也同时表示，不干预商户接受比特币。

2017 年 8 月 1 日，新加坡金融管理局（MAS）表明，如果数字代币构成证券与期货法案（SFA）中监管的产品，其发售或发行将受金融管理局的监管。

## 德国

2013年8月19日,比特币的合法"货币"地位受到了德国政府的正式承认,比特币将可用于缴税和其他合法用途。这也使德国成为全球首个认可比特币的国家。德国财政部对于比特币的身份定义是:一种"记账单位",既不是电子货币,也不是外币,而是近似于"私有货币",可以被用于"多边结算圈"。同时规定,企业如果想要在交易中使用比特币,必须要获得德国金融监管机构的许可。这意味着,比特币在被承认作为一种"记账工具"的同时,也被纳入了德国金融体系的监管之中。

# 区块链的技术发展与未来展望

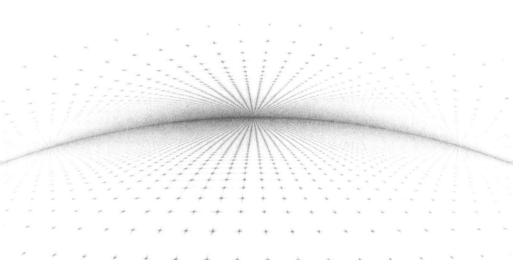

区块链从诞生到现在不足 10 年，虽然已经引起全世界的关注，但是很多相关技术还不够成熟，各方面对于区块链的技术探索从来都没有停止过。关于区块链所存在的一些问题，例如资源消耗的问题、扩容问题、51% 攻击的问题、区块间的博弈和冲突的问题等，业界内外都保持着广泛的关注。为了解决这些问题，也出现了很多新的技术突破。

虽然技术尚不成熟，但人们依然对各种比特币项目保持着浓厚的兴趣，区块链项目大有成为下一个"风口"的趋势。当前，区块链的活跃应用主要集中于数字资产、智能合约、跨境支付等领域。同时，区块链与大数据的结合、区块链在共享经济领域的应用、区块链生态等也是未来前景看好的领域。

# 区块链技术存在的难题

区块链的"算力竞争"在保障"去中心化"的系统安全的同时,也带来了资源(特别是电力)的消耗,如何解决区块链运作而带来的资源占用和浪费也将成为区块链大范围应用之前需要解决的问题。区块链的处理速度和规模也是一个问题,可以说,对区块链的扩容问题的探索一直都在进行中。此外,由于矿池的出现,51%攻击的问题也值得关注。最后,设计激励相容的共识机制,提高系统内非法行为的成本,避免区块链的各节点在交互过程中发生博弈与冲突,也是区块链有待解决的问题。

## 资源消耗的问题

区块链的共识机制是算力竞争,它非常依赖网络节点贡献的算力。

这些算力主要是用来做什么的呢?主要用于解决 SHA256 哈希和随机数的搜索,也就是用 CPU 进行纯粹的计算,并不会产生任何实际社会价值,因而一般意义上认为这些算力资源是一种"浪费",浪费人力、浪费 CPU 等物力,同时被浪费掉的还有大量的电力资源。

正因为如此,人们对区块链共识机制的探索从来没有停止过。人们尝试过用其他的共识机制来代替算力竞争,不同的共识机制也造就了大量的"山寨币"。但是到现在为止,算力竞争依然被认为是最安全、最牢靠的一种共识机制。比特币用户及拥护这种共识机制的人认为这些资源消耗是值得的。

当前,挖矿所使用的算力大约为全网用户的万分之一,所以这些消耗尚在社会能源能够承受的范围内。与此同时,当前比特币的用户只有几百万。如果未来这个数字成数十倍甚至数百倍的增长呢?届时其消耗会给社会能源带来沉重的负担。

而在挖矿这一块,随着参与的矿工越来越多,挖矿的难度越来越大,对 CPU、显卡等性能的要求也越来越高,当达到一定程度时,可能挖矿的收益会越来越低,矿工将不再乐意去挖矿。这也是一个问题。

因此,一旦区块链投入大规模的应用,如何解决区块链运作而带来的资源占用和浪费问题,仍然是一个需要解决的问题。

## 处理数据速度和规模的问题

现在区块链更多存储的是文本,存储文件很难,因为每个区块存储只有 1MB,最大的比特币区块链上现在也就只有 41.9 万个区块,合集 410GB。

比特币区块链交易频率约 6.67 次/秒,每次交易需要 6 个区块确认,10 分钟才能产生一个区块,全网确认一次交易需要 1 个小时。以现有的规模,无法处理高频次的交易需求,例如证券交易等。像支付宝那样的处理规模,更是当前的区块链不可想象的。

因此,区块链想大规模投入应用,必须解决处理速度和规模的问题。

区块链每秒可处理的交易量主要受两个因素的限制：一是区块产生的速度（10 分钟 1 个区块）；二是区块规模限制（现在默认是 1MB）。因此要解决速度和规模的问题，也无非就两个方法，要么增大区块规模，要么增加区块产生速度。

这两个方式都是存在争议的，因为都有可能影响协议的安全保障。

首先，倘若提高区块链产生的速度（例如莱特币的区块是每 2.5 分钟产生一个），会出现许多冲突性的区块。正如我们前面所讲过的，很可能有些节点还没有更新完毕，新的区块就已经生产出来了，这一点我们前面在讲 DAG 时已经论述过。

而倘若扩大规模，则意味着更大的区块需要更长的时间通过网络进行传播（受制于带宽），并且同时产生的区块更可能处在区块们的顶部，也就是说它们会被丢弃。

区块链的扩容是一个业界很关注的问题，在区块链扩容问题上的分歧，还导致了比特币的硬分叉现象。

## 51% 攻击的问题

随着区块链技术受到的关注日益增长，各类数字货币的价值飞涨，导致越来越多的投机者希望从挑战区块链的安全性中获利。其中一个无法回避的问题就是 51% 攻击的问题。

在区块链刚刚兴起的时候，无论是从技术论证的层面，还是从实际操作的层面，51% 攻击的现象都是不可能存在的。

然而现在，随着区块链的发展和数字货币价值不断水涨船高，参与这一产业链的人越来越多。随着矿池的兴起，51%的攻击开始成为可能，区块链交易平台遭受攻击的事件频频发生。如何看待这个问题呢？

## 什么是 51% 攻击

区块链系统中每个节点（通常指一台计算机）的权利是一样的，任意节点被摧毁都不会影响整个系统的安全，也不会造成数据丢失。同时，任何一个节点的账本数据都是一模一样的，也就意味着单个节点的数据篡改是没有任何意义的。因为如果系统发现两个账本对不上，它就认为拥有相同账本数量相对较多的节点的版本才是真实的数据版本。那些少部分不一致的节点账本不是真实的，系统会自动舍弃这部分，认为其是被篡改过的。

因此，要想篡改区块链上的数据内容，除非能够控制整个系统中的大部分节点。也就是通常所说的 51% 攻击，才能发动对账本数据的更改。

当整个系统中的节点数量高达成千上万个，甚至数十万个时，篡改数据的可能性就会大大降低。因为，这些节点很可能分布在世界上每一个角落，理论上说，除非你能控制世界上大多数电脑，否则你没有机会去篡改区块链上的数据。

**这就是区块链系统中的 51% 攻击的问题。**

简单地讲，51% 攻击指的就是，区块链系统是利用算力竞争达成共识的，那么一旦系统中有一方掌握足够的算力（超过 51%），就可以使用算力优势撤销自己已经发生的付款交易。

过去，51% 的攻击几乎是不可能存在的。

但是，现在随着矿池的兴起，出现了另外一种 51% 攻击的方法：构建出和原来一样的系统、一样多的节点（算力），攻击这个区块链系统。比如，该系统原来有 10 000 节点，那么攻击者部署另外 10 001 个节点，然后加入这个区块链的系统中。由于攻击者已经获得了超过 51% 的控制权，所以能够发动攻击。

51% 的攻击问题不仅仅存在于比特币网络，它还可以存在于任何一种区块链系统。

以比特币为例，具体说来，其操作是这样的：

（1）掌握足够的算力，无论是控制矿池，还是利用其他计算资源，使自己的算力领先比特币网络的总算力，领先的幅度越大，成功的可能性越高。

（2）拿到足够的比特币作为筹码，无论是自己挖到的，还是从任何渠道买的。

（3）攻击者运用手中的算力，从自己对外付款交易之前的区块开始，重新构造后面的区块，利用算力优势与全网赛跑，让新创建的区块长度超过原主分支区块，成为新的主分支。例如重新构造的区块链的长度为 10，但不向网络广播，在此同时将所有的比特币在交易市场卖掉，提现，或者也可以直接卖给某人或某一群人。这笔交易记录会显示在正常的区块链中。但由于正常的区块链的长度是 9，而重新构造的区块链长度是 10，交易结束后攻击者将新构建的区块向网络广播出去，网络会确认其区块链是正确的。这样，由于撤销了所有对外付款交易，等于收回来所有已卖掉的比特币。但现金已经被攻击者提取了，损失的是交易市场。

毫无疑问，如果 51% 的攻击经常发生，对比特币网络是致命的。

虽然现在比特币全网算力快速增长，但目前只有几大巨型矿池联合，才具有发动 51% 攻击的实力，普通个人或机构实施此攻击的可能性越来越小。如果是一些山寨的数字货币，遭受 51% 攻击的可能性就非常大了。

## 51% 攻击的可能性

51% 的攻击是需要成本的，这种攻击所付出的成本取决于系统原来的大小。原来系统节点越多，攻击者付出的成本越大。由于比特币是目前最庞大的区块链网络，根据计算，要想对比特币网络造成 51% 的攻击，所付出的成本高达 270 亿美元。

而且攻击者还面临着另一个困境，一旦它成功发动攻击，就会造成该系统的价值瞬间归零。也就是说，一旦攻击者成功篡改账本，全网能够立刻识别出账本数据不一致，导致所有人都意识到该系统账本已经是不可靠的账本，那么意味着该账本所记录的数据变得没有价值，该系统中代币也会变得毫无价值。也就是说，攻击者将无利可图。目前，全球主流的交易平台都已经实行了严格的实名认证，及时变现也是一个很大的难题。无利可图，矿工是不会轻易发起攻击的。因此，到目前为止，51% 的攻击也仅仅是一个理论上会存在的问题，实际从未出现过。

不过，在 2016 年 6 月初，4 家中国矿池掌控了 70% 的全网算力：F2Pool、比特大陆（Bitmain）的蚂蚁矿池（Antpool）、BTCC 矿池和币网矿池（BW.com）。如果这些算力结合到一起，那么意味着能够控制比特币市场。

正如美国康乃尔大学 2014 年文件中展示的那样，一个相互勾结的少数团体通过隐藏发掘的区块来故意分叉区块链，这样会使其他矿工的努力都变成徒劳。尽管这只是一种理论上的可能性，但是 2014 年 Ghash.io 矿池曾经掌控了 50% 的全网算力。

因此，51% 攻击仍然是一个值得关注的问题。

## 区块内部的博弈和冲突

在比特币系统中，有一种"典型的区块截留攻击"。

矿池挖矿模式刚出现时，就存在区块截留攻击问题了。

它是由矿池的参与者发起的攻击，发起区块截留攻击的矿工只向矿池发送部分工作量证明，但是如果他们发现了完整的证明，他们将抛弃该证明。因此，矿池还是会向攻击者发放挖矿收益，但是矿池不能从攻击者的挖矿算力中受益。这减少了被攻击矿池的所有参与者的收益。

正常情况下人们不会这样做，因为这样也会减少攻击者自己的收益。但是，倘若一个矿池装作为另一个矿池工作，这种情况是可以发生的。

一个被攻击矿池的有效挖矿算力不会被攻击改变，但是它的收入被更多的矿工（包括攻击者）分享。

因此，如何设计激励相容的共识机制，提高系统内非法行为的成本，进而避免区块链的各节点在交互过程中发生博弈与冲突，也是区块链有待解决的问题之一。

# 区块链最新技术成果

中国银行前行长、中国互联网金融协会区块链工作组组长李礼辉在 2017 杭州湾论坛的发言中指出:"阻碍区块链大规模应用的主要因素是技术障碍,技术限制比监管限制更加严重。当务之急是改善区块链的可扩展性,未来将有越来越多的系统称为区块链。"本节介绍几个区块链在扩容方面的最新成果。

## 闪电网络

闪电网络起源于比特币的扩容问题。

对于比特币的扩容问题,闪电网络的技术团队做了如下论述:

比特币在拥有分布式分类账方面很有前景,但在不久将来的某个时间,会出现 blockchain 作为一个支付平台,其本身不能覆盖全球的电子商务的情况。如果在比特币网络中的每个节点必须了解在全球范围发生的每一个交易,可能造成阻碍网络涵盖全球所有金融交易的能力。相反,涵盖全球所有金融交易,并且不会使分散化和安全性受到损害,这才是我们需要的。

支付网络 Visa 在 2013 年圣诞假期期间,在其网络上每秒实现 47 000 笔交易(TPS),目前平均每天数亿笔交易。目前,比特币因为 1 兆字节块的限制,每秒仅支持小于 7 笔交易……显然,如今在比特币网络上获得 Visa 般的能力是不可行的。

如果比特币在未来替换所有的电子支付，而不仅仅是 Visa，这将导致比特币网络的彻底崩溃。⊖

那么，到底什么是闪电网络呢？

简单地讲，闪电网络就是一种快速支付网络，是一种支付和结算分离的网络，是链下交易的一种技术，它是基于智能合约的一项技术。

具体说来，闪电网络是一个无须信任第三方（不需要三方担保资金）的低延迟、高容量的微支付去中心化协议。它需要用到两种类型的交易合约：序列到期可撤销合约 RSMC 和哈希时间锁定合约 HTLC。

RSMC 解决了通道中币单向流动问题，但它只支持最简单的无条件资金支付，HTLC 进一步实现了有条件的资金支付，通道余额的分配方式也因此变得更为复杂。可以说，HTLC 解决了币跨节点传递的问题。这两个类型的交易组合构成了闪电网络。其本质上是使用了哈希时间锁定智能合约来安全地进行 0 确认交易的一种机制。

所以，闪电网络实际上是智能合约的一种应用，它规定交易者可以在某个时刻获得或者失去某个权益。在链下的交易双方锁定自己的币到闪电网络的交易通道之上，如果交易方有直接的通道就直接交易，如果没有直接网络通道，可以间接地通过其他已连接的通道进行转移。通过设置巧妙的"智能合约"，使得用户在闪电网络上进行未确认的交易和比特币一样安全。

---

⊖ 《比特币闪电网络白皮书》第 1 页，区块链南高所翻译。

## 超级账本

超级账本（hyperledger）是 Linux 基金会于 2015 年发起的推进区块链数字技术和交易验证的开源项目，加入成员包括荷兰银行（ABN AMRO）、埃森哲（Accenture）等十几个不同利益体，目标是让成员共同合作，共建开放平台，满足来自多个不同行业各种用户案例，并简化业务流程。最近，百度也加入了超级账本区块链联盟。

超级账本团队认为，支付系统在高度集权和完全去中心化之间应该有个平衡：权力既不是集中在某一个机构，也不是完全地分布式，而是合理地分割成若干个部分，用业内的说法就是"多中心化"。

比特币区块链的工作量证明机制让账本成效需要 6 次确认，每次 10 分钟，确认时间总共需要将近 1 个小时，而超级账本则是采用类似 RIPPLE 的"共识"机制，交易确认过程可在几秒钟之内完成，达成共识的技术手段主要是拜占庭容错算法机制。

## 分片技术

在比特币的扩容问题上，还有一个技术就是"分片技术"。分片也就是多链条。

什么是分片技术呢？

在区块链上执行交易时，网络中的所有节点都必须验证交易或执行智能合约。智能合约实际上就是网络中存储的一段等待执行的代码，该代码描述了交易需要符合的条件。当验证结果达成一致时，交易就得到确认，这个过程毫无疑问是需要时间的。

分片就是通过多个联网机器的并行处理能力，让这些机器分担验证交易的工作。它会自动将网络划分成较小的部分，也就是"分片"，每个分片都运行一个小规模的共识协议。

随着更多节点的加入，分片越来越多，验证交易时会越来越快。

> **案例：**
>
> Linux 基金会联合 IBM 开发的 HyperIndger Fabric 这个分布式账本平台方案，2017 年升级为 1.0 版本，采用背书共识分离的多链条多通道新架构，将交易的合约执行、区块验证与写入账本操作分离。
>
> 其交易速度在很大程度上取决于系统协同程度，常态可达每秒 300 笔以上，最佳可超过每秒钟 1 000 笔，已经成功应用于资产托管等中低频次金融场景。

# 区块链与数字资产的未来展望

火币网和清华大学五道口金融学院的一份联合研究报告显示：2017 年区块链市值排名前 20 的应用项目，主要集中在数字货币、智能合约、全球支付及平台类的应用服务四大块。<sup>㊀</sup>

这四类应用是当前最红火的几类应用。而从长远来看，一些当前并不热门，但对商业社会和人类生活产生影响的领域，也是区块链前景看好的领域，如大数据、共享经济、区块链生态系统等。

## 区块链瓦解数据孤岛，让大数据真正名副其实

对于区块链的应用前景，当前业内有一个特别看好的方向，就是区块链与大数据的结合。如果说前面我们所讲的那些应用领域，区块链的参与会让它们发生翻天覆地的变化，那么在大数据领域，区块链的影响可能更为深远，甚至对整个社会造成巨大的影响和改变。因此，在本书的结尾部分，我们单独用一个小节来对区块链与大数据的结合做一个详细的探讨。

### 区块链与大数据的联系和区别

我们可以在很多地方看到人们把区块链和大数据联系在一起。

---

㊀ http://www.zhongbangshuju.com/viewdoc?eid=5635382D54C2FD8C.

那么，区块链和大数据到底有什么相同之处和不同之处呢？

让我们来回顾一下区块链的定义：区块链是一个分布式的大账本（数据库）。区块链技术也是一种特定的数据库技术，这是区块链和大数据相类似的地方。

那么，区块链和大数据有什么差别呢？

首先，从规模上讲，大数据描述的数据集足够大，足够复杂，而区块链能承载的信息数据是有限的，离"大数据"标准还差得很远。

其次，从结构上看，区块链是结构定义严谨的块，是链式的结构化数据，而大数据需要处理的更多的是非结构化数据。

最后，区块链系统为保证安全性，信息是相对独立的，而大数据着重的是信息的整合分析。同时，区块链是数据的直接公开呈现，而大数据指的是对数据的深度分析和挖掘。

## 区块链与大数据结合的意义与优势

（1）打破数据孤岛，建立数据间的信任与合作。

大数据需要收集海量的数据，但是实际上，当前的各种数据被不同的平台所拥有和掌握，属于名副其实的信用孤岛。例如同一个用户，其可能在多个平台消费，使用多个社交化软件，每个平台都只拥有他的一部分信息，而非全面的信息。

想要打通数据间的连接，实行数据共享，还真不容易。因为数据是平台或者企业的资产和财富，没有人真的愿意共享。即使是交换数据，一些机构也会有意或无意地提供一些低质量的数据。在机器学习领域有一句老话，"进去的是垃圾，出来的也是垃圾。"当数据质量得不到保障时，再好的数据模型，也无法得出正确的结果。

同时，也导致了大数据愈发地集中在少数大型互联网企业手中，用户对于大数据的产生则完全没有获得信用资源的主动权。事实上，数据是拿来用的，而不是为了占有。而区块链的去中心化、数据不可篡改、永久可追溯的特性，可以通过全网的分布记账、自由公证，来打造一个关于数据的"信任机制"，形成一个共识数据库，从而打破数据孤岛。

这对各行各业都意义重大。一个典型的案例就是将区块链与大数据结合，运用于征信领域，那么各行各业特别是互联网金融中让人头疼的征信难题就会迎刃而解。传统征信市场面临信息孤岛的障碍，如何共享数据成分发掘数据蕴藏的价值，传统技术架构难以解决这个问题，而区块链可以打破数据孤岛，为征信难题提供了一种全新的思路。

（2）保证数据的正确性。

区块链的可追溯性使得数据采集、交易、流通，以及计算分析的每一步记录都可以留存在区块链上，使得数据的质量更加有保障，也保证了数据分析结果的正确性和数据挖掘的效果。

（3）维持数据安全及保护隐私。

利用智能合约，可以对数据的使用范围进行精细化授权。不同的数据可以有不同的使用权限，从而避免数据滥用。同时，在区块链上，数据可以是公开的，但身份也可以是匿名的，从而保护了用户隐私。

传统互联网条件下，用户的数据极易泄露。平台会利用零售、搜索或社交媒体方面的免费服务,来换取用户信息。根据安永的调查,近三分之二的调查对象(经理)表示,他们收集消费者信息是用来推动业务发展的,而近80%的经理称,这样的数据挖掘增加了他们的收入。但是一旦这些公司遭到黑客攻击,消费者也就跟着遭殃——信用卡和银行账户信息被窃取。㊀

但是一旦使用区块链技术,在系统内所有的节点都是平等的,用户不再是被宰割的羔羊,他们可以通过智能合约将相关数据授权给相关节点,安全及隐私度大大提升。

(4)数据可随时追溯。

在区块链上,对于存档的历史数据,是不可篡改的。因此,可以将大数据做 Hash 处理,并加上时间戳,存在区块链之上。在未来的某一时刻,当需要验证原始数据的真实性时,可以对对应的数据做同样的 Hash 处理,如果得出的答案是相同的,则说明数据是没有被篡改过的。这样,当有新的数据时,只需要处理增量数据,历史数据无须重复处理,可以大大降低大数据分析的工作量,提高效率。

可以说,通过把大数据与区块链相结合,能让区块链中的数据更有价值,数据的正确性也能让大数据预测分析真正落到实处。人类社会商业和生活的方方面面,有哪一个领域不需要数据和大数据?当我们能够保证所有的数据都正确、可共享、可流通、可追溯时,其对整个商业和人类社会造成的影响是不可估量的。

---

㊀ 唐塔普斯科特,亚力克斯·塔普斯科特.区块链革命:比特币底层技术如何改变货币、商业和世界[M].北京:中信出版社,2016.

## 区块链将共享经济转化为共生生态

"共享"是当前的一个热门话题,也是当下的一个创业"风口",共享汽车、共享单车、共享充电宝、共享雨伞、共享衣橱……几乎所有领域的"共享"都进入了人们的视野。

试想一下,倘若所有的这些共享项目都能成功且低成本地运转,将是多么激动人心的画面:出行更加方便,随时随地可以用上共享车,且不需要办理各种手续那么麻烦,也不需要缴纳昂贵的押金;每个人都可以用更低廉的价钱穿上更美的衣服,那些不喜欢的衣服可以共享出去,不用烂在衣橱里,世界上甚至会少很多"败家女";甚至连出去旅行时,都可以把房屋共享来获得收入……

然而事实上,当下的共享经济,严格意义上讲并不能够算是真正的共享,换句话说,共享得还很不彻底。社会闲置资源利用得还不够彻底。而一旦区块链与共享经济结合,则很可能带来更全面、更彻底的共享。

区块链与共享经济结合,将带来哪些改变呢?

(1)效率的提升和成本的降低。

共享经济依赖于分散劳动力、可分享资产以及点对点交易和合同。优步就是一个例子,人们可以通过分享自己的汽车赚钱。然而,这个过程中,传统的签约、办理各项手续、支付等相对麻烦,效率较低。而一旦通过智能合约和区块链技术处理合约和付款,则可以大大降低成本,提升效率。

(2)去中心化无惧霸王条约。

之所以说当前的共享经济还并不能算共享经济,就是因为这些共享都是通过一个中心化的平台来运作的，平台通过中心化聚合资源，再统一分配出去，属于聚合经济。

在这个过程中，会产生种种问题。首先，平台要动用人力和物力来聚合及分配资源，需要大量的成本，因此要对提供者和使用者双方收取相当的费用。其次，平台处于强势地位，用户处于弱势地位，很容易有霸王条约等，常常会有一些很糟糕的服务体验。最后，倘若发生意外情况（平台服务器瘫痪、平台倒闭等），将带来不可预估的损失。

而一旦运用区块链，则可以实现"去中心化的"共享，没有平台的操控，完全是用户之间点对点的分享，是真正的共享经济。

（3）区块链上一切信息公开透明，可以减少很多不必要的纠纷。

（4）让系统内的所有成员都互惠互利。

当前的共享经济，平台始终把自己置于价值链上最高的那一环，考虑的是自身（单个企业）的盈利，而非整个系统内的共赢。

真正的生态系统应该是参与其中的所有成员都可以共生共荣，互相获益。

从某种程度上讲，区块链可以实现一种无对立的共享经济模式。

（5）将共享经济转化成共生生态。

共享经济的高阶形态，必须是共生生态。

在共生生态下，每个共享资源端都是一个自成长的节点，而非供中心榨取利润的价值链最底端。共享者不再处于被动参与的地位，而是通过区块链技术实现了自主，形成一种链内平等的共生生态。人人可以是分享者，人人也可以是使用者；人人可以是资源提供者，人人也都可以是消费者。

（6）解决共享中的信任问题。

当前市场上就有共享名牌服装、名牌包包等之类的创意，但是这类共享一个最大的问题就是信任问题，即如何证明自己提供的产品是正品的问题。正如我们在区块链与零售中所讲，区块链的可追溯性，可以解决人们的信任问题。

（7）提升共享的深度和广度。

运用区块链的身份验证功能，将资产和用户的全部信息都入链，所有的资产和用户都有着独一无二的身份识别系统。这不仅可以用智能合约约定相应的使用权限，还迫使系统内的所有人都必须对资产负责（否则会影响自己的信用），系统也会以智能合约的方式自动追责。那么，无论是多么贵重的物品，都可以拿出来共享，不怕丢失，不怕被损坏，共享的范围将无限扩大。当前的共享经济是做不到这一点的。

总之，关于区块链和共享经济，我们还可以有很多美好的构想和期望。相信随着区块链技术的发展以及区块链应用的不断深入，这些构想都将实现。

## 区块链的热门应用方向

随着区块链概念越来越被主流社会所接受，市面上基于区块链领域的投资项目也越来越多，各个领域基于区块链技术的应用也在探索和实践之中。很多关注及涉足区块链的人士特别希望知道，未来几年哪些区块链的应用方向将成为热门，被更多的人接受并带来巨大商机。关于这个问题,区块链作为一项新的技术手段,其最大的魅力就在于它所拥有的无限可能性。可以说,所有需要去中心化、提高透明度、提升效率的领域,区块链都有它的用武之地。我们认为,以下这些领域可以重点关注。

## 数字资产

比特币和一众数字货币的价格暴涨,让数字资产走入普通大众的视野,比特币等数字货币的暴涨暴跌,也让大众对数字资产持观望态度。

很多人有个疑虑:将我们的资产变成一串密码,这可靠吗?

实际上,对数字资产的认知和接纳需要一个过程。30年前,当银行存折出现时,很多人难以接受。钱变成一个折子,这安全吗? 20年前,银行卡出现时,很多人(尤其是老人)更加无法接受,觉得没有安全感,死活不肯把存折换成卡。同样的,支付宝从出现到被人们接受,也经历了一个过程。数字资产也是一样,随着技术的成熟和普及度的提高,人们也会认可"数字资产很安全"并愿意接纳它。

未来将是一个数字资产的时代,越来越多的信息和新的动向都向我们证明了这种可能性。可以说,未来数字资产的广泛存在几乎是必然的。它早已走进官方视野。

2016年1月,中国人民银行召开数字资产研讨会,提出争取早日推出由央行发行的数字资产。在2016年年初举办的互联网金融年会上,中国农业银行高层在发言中多次提到了区块链技术,特别指出,"如果说未来区块链能够支持参与者自主联盟,首先颠覆的就是第三方支付的联盟,并且可以极大地提高效率,降低成本。"他还认为区块链技术将改变目前的商业模式。最后他还引用了 MIT 某个教授的一句话:"我们要聆听正在生成的未来,正在变化的未来,下一步使我们的商业模式发生改变的,就是区块链技术。"

同年,中国人民银行高层在发言中还指出,"央行非常重视金融科技的发展,数字资产包括区块链可能对未来产生无法预期的影响。"

2017 年 4 月,日本当局承认数字资产的法定货币地位,厂商交易、政府受捐均出现了比特币;2017 年 6 月,中国人民银行数字资产研究所人员到位,挂牌在即;2017 年 7 月,数字资产在澳大利亚将正式成为货币,且将会免征消费税。

……

数字资产的优势也被官方所认可:

中国人民银行某高层在第三届互联网大会上指出,"数字资产能大大降低纸币的发行流通成本,但是数字资产的内在支撑不会变,未来对数字资产的研究将循序渐进。"

另一高层指出,"数字资产对金融监管意义重大,未来的央行数字资产币将可能是涉及区块链、移动支付、可信可控云计算、密码算法、安全芯片等技术的本位币,央行数字资产最终可形成一个大数据系统。在这个系统内,每一笔钱何时何地而来、何时何地而去,都会留痕,都可追踪。如此一来,洗钱是没有用的,贪官在家里藏钱也是行不通的。"

花旗银行某高层指出,"一般来说,使用数字资产的门槛低于使用银行金融体系服务,在互联网日益普及的情况下,数字资产可以比银行存款更具有普惠的性质。另外,数字资产应用于支付结算(特别是跨境支付)可以减少中间环节,还可以内置交易规则实现交易中自动结算,这些都有利于提高效率、降低成本。"

当然,数字资产的推行也是一项极具挑战性的工作,不仅包括技术层面的问题,而且包括背后配套体制的建立和完善。

正如德勤负责区块链项目的一位高管所说:"支付宝、微信、借记卡、信用卡等已经实现了去纸币化的交易,非常便捷,但并不能真正实现实时到账和实时清算,这是由其背后的基础设施和架构所决定的。在完全使用数字资产后,相关系统基础设施该如何建设、监管环境如何优化,让货币流通更顺畅、更安全,是目前推行数字资产面临的最大挑战。"

## 身份识别

在身份识别领域一直有很多难题,例如,"身份证、护照丢失给人们带来的一系列不便""利用他人的身份犯罪""在身份验证中一旦出现漏洞将造成安全隐患等"。

特别是在物联网和人工智能领域,"身份识别"也是一个大问题。目前,"身份识别"已经成为人工智能的热门领域,并出现大量独角兽企业,而且这一领域的市场前景很好。

而区块链技术可以说是比指纹、人脸等更安全的身份识别技术,且一切信息都可以追溯。将区块链运用到身份识别领域,可大大突破以往的技术水平。目前,这一领域已经有众多巨头开始介入,例如微软正在打造基于区块链技术的身份识别系统。

## 区块链生态系统

所谓的区块链生态系统，指的是基于区块链的技术和优势，如身份识别、权益证明、价值交换、共享数据、可靠性等功能，建立一个商业网络，将区块链的优势应用到各个领域和环节，并促成相互间的合作。

例如：

2016 年，IBM 宣布推出自己的区块链生态系统计划。

这个生态系统究竟是什么样子的呢？

实际上，2016 年 2 月，IBM 就推出了自己的区块链，命名为 IBM 区块链。IBM 区块链生态系统就是 IBM 区块链的延伸，它是基于一个"超级账本项目"开发的。

"超级账本项目"是一个 100 多家公司的开源合作项目，专门研究开发区块链技术的商业应用场景，也就是区块链技术从实验室走向实际应用的过程，涉及的行业包括银行、金融服务、供应链、医疗保健、旅游和交通、媒体、娱乐、能源、公用事业等。

在这个区块链生态系统里，用户并不像比特币系统里那样完全匿名，用户要发布他们的身份；而且，每一个应用，都可以唯一地定义一组权限，来规定特定的用户所拥有的特定权限和所能享受的特定服务。

企业可以通过接口接入这个平台，如果企业想尝试区块链解决方案，该生态系统可以提供包括开发工具、资源、专家意见等一站式服务。

该生态系统希望能够将对创建和利用区块链解决方案感兴趣的人和企业聚在一起。新加入社区的成员将可以获得区块链技术专业知识、加入讨论组、聚会和其他好处。

英特尔也在着手建立区块链生态系统。

越来越多的人意识到要让区块链项目更深入、广泛地应用，需要多方的参与和合作，因此，越来越多的巨头对区块链生态产生兴趣。

总之，技术的发展都是为了服务人类生活。区块链的项目五花八门，如何判定项目的优劣呢？从理论上讲，凡是能给用户带来更多的隐私性、安全性，能降低成本和提升效益的领域，包括一些基础设施开发领域等，都是可以捕捉巨大价值的方向。做区块链千万不能为了应用而应用，倘若为了跟风滥用区块链，反而增加了成本，降低了效率，那就违背了技术发展的初衷，也很难有好的结果。

# 推荐阅读

| 书名 | 作者 | ISBN | 价格 |
| --- | --- | --- | --- |
| 估值:难点、解决方案及相关案例 | [美]埃斯瓦斯·达莫达兰（Aswach Damodaran） | 978-7-111-42339-3 | 99.00 |
| 并购估值：如何为非上市公司培育价值（原书第2版） | [美]克里斯M.梅林（Chris M.Mcllen）、弗兰克C.埃文斯（Frank C.Evans） | 978-7-111-48103-4 | 69.00 |
| 估值的艺术：110个解读案例 | [英]尼古拉斯·斯米德林（Nicola Schmidlin） | 978-7-111-51026-0 | 59.00 |
| 估值技术 | [美]大卫T.拉勒比（David Larrabee）、贾森A.沃斯（Jason A.Voss） | 978-7-111-47928-4 | 99.00 |
| 股权资产估值(原书第2版) | [美]杰拉尔德E.平托（Jerald E.Pinto）、伊莱恩·亨利（Elaine Henry） | 978-7-111-38805-0 | 99.00 |
| 估值就是讲故事:创业融资与投资 | Dr.2 | 978-7-111-51023-9 | 39.00 |

# 互联网+系列丛书

| 序号 | ISBN | 书名 | 作者 | 定价 |
|---|---|---|---|---|
| 1 | 978-7-111-49033-3 | 风口：把握产业互联网带来的创业转型新机遇 | 八八众筹网 | 45.00 |
| 2 | 978-7-111-49950-3 | 互联网+：从IT到DT | 阿里巴巴研究院 | 59.00 |
| 3 | 978-7-111-47912-3 | 跨界：开启互联网与传统行业融合新趋势 | 腾讯科技频道 | 39.00 |
| 4 | 978-7-111-51546-3 | 跨界2：十大行业互联网+转型红利 | 腾讯科技频道 | 49.00 |
| 5 | 978-7-111-49869-8 | 掘金：互联网+时代创业黄金指南 | 腾讯科技频道 | 39.00 |
| 6 | 978-7-111-49794-3 | 工业4.0：正在发生的未来 | 夏妍娜、赵胜 | 39.00 |
| 7 | 978-7-111-49795-0 | 工业互联网：互联网+时代的产业转型 | 许正 | 39.00 |
| 8 | 978-7-111-50700-0 | 联网力:传统行业互联网化转型的原动力 | 杨学成 | 49.00 |
| 9 | 978-7-111-50925-7 | 打通：传统企业向互联网+转型的7个关键要素 | 何伊凡 | 39.00 |
| 10 | 978-7-111-51742-9 | 激活个体：互联网时代的组织管理新模式 | 陈春花 | 49.00 |
| 11 | 978-7-111-49774-5 | 互联网+：传统企业的自我颠覆、组织重构、管理进化与互联网转型 | 王吉斌 | 59.00 |
| 12 | 978-7-111-49820-9 | 互联网+兵法 | 段王爷 | 59.00 |
| 13 | 978-7-111-49877-3 | 互联网+：跨界与融合 | 曹磊、陈灿、郭勤贵、黄璜、卢彦 | 49.00 |
| 14 | 978-7-111-50112-1 | 互联网+：产业风口 | 曹磊 | 59.00 |
| 15 | 978-7-111-50946-2 | 互联网+智能家居 | 陈根 | 49.00 |
| 16 | 978-7-111-51370-4 | 互联网+医疗融合 | 陈根 | 40.00 |
| 17 | 978-7-111-50988-2 | 互联网+普惠金融：新金融时代 | 曹磊 | 59.00 |
| 18 | 978-7-111-51018-5 | 无界资本：互联网+时代的资本重生之路 | 沈亦文 | 39.00 |
| 19 | 978-7-111-49880-3 | O2O实践：互联网+战略落地的O2O方法 | 叶开 | 59.00 |
| 20 | 978-7-111-50190-9 | 互联网+：O2O商业生态破局与重构 | 蒋德嵩 | 39.00 |
| 21 | 978-7-111-51484-8 | 裂变式转型：互联网+转型纲领 | 杨龙 | 49.00 |
| 22 | 978-7-111-51515-9 | 互联网+：海外案例 | 曹磊 | 59.00 |
| 23 | 978-7-111-51935-5 | 互联网+农业：助力传统农业转型升级 | 冯阳松、潘晓（易观） | 59.00 |
| 24 | 978-7-111-51513-5 | 重创新：转型不必推倒重来 | 王冠雄、刘恒涛 | 59.00 |

# 推荐阅读

| 序号 | 书号 | 书名 | 序号 | 书号 | 书名 |
|---|---|---|---|---|---|
| 1 | 30250 | 江恩华尔街45年（珍藏版） | 42 | 41880 | 超级强势股：如何投资小盘价值成长股 |
| 2 | 30248 | 如何从商品期货贸易中获利（珍藏版） | 43 | 39516 | 股市获利倍增术（珍藏版） |
| 3 | 30247 | 漫步华尔街（原书第9版）（珍藏版） | 44 | 40302 | 投资交易心理分析 |
| 4 | 30244 | 股市晴雨表（珍藏版） | 45 | 40430 | 短线交易秘诀（原书第2版） |
| 5 | 30251 | 以交易为生（珍藏版） | 46 | 41001 | 有效资产管理 |
| 6 | 30246 | 专业投机原理（珍藏版） | 47 | 38073 | 股票大作手利弗莫尔回忆录 |
| 7 | 30242 | 与天为敌：风险探索传奇（珍藏版） | 48 | 38542 | 股票大作手利弗莫尔如何操盘 |
| 8 | 30243 | 投机与骗局（珍藏版） | 49 | 41474 | 逆向投资策略 |
| 9 | 30245 | 客户的游艇在哪里（珍藏版） | 50 | 42022 | 外汇交易的10堂必修课 |
| 10 | 30249 | 彼得·林奇的成功投资（珍藏版） | 51 | 41935 | 对冲基金奇才：常胜交易员的秘籍 |
| 11 | 30252 | 战胜华尔街（珍藏版） | 52 | 42615 | 股票投资的24堂必修课 |
| 12 | 30604 | 投资新革命（珍藏版） | 53 | 42750 | 投资在第二个失去的十年 |
| 13 | 30632 | 投资者的未来（珍藏版） | 54 | 44059 | 期权入门与精通（原书第2版） |
| 14 | 30633 | 超级金钱（珍藏版） | 55 | 43956 | 以交易为生II：卖出的艺术 |
| 15 | 30630 | 华尔街50年（珍藏版） | 56 | 43501 | 投资心理学（原书第5版） |
| 16 | 30631 | 短线交易秘诀（珍藏版） | 57 | 44062 | 马丁·惠特曼的价值投资方法：回归基本面 |
| 17 | 30629 | 股市心理博弈（原书第2版）（珍藏版） | 58 | 44156 | 巴菲特的投资组合（珍藏版） |
| 18 | 30835 | 赢得输家的游戏（原书第5版） | 59 | 44711 | 黄金屋：宏观对冲基金顶尖交易者的掘金之道 |
| 19 | 30978 | 恐慌与机会 | 60 | 45046 | 蜡烛图精解（原书第3版） |
| 20 | 30606 | 股市趋势技术分析（原书第9版）（珍藏版） | 61 | 45030 | 投资策略实战分析 |
| 21 | 31016 | 艾略特波浪理论：市场行为的关键（珍藏版） | 62 | 44995 | 走进我的交易室 |
| 22 | 31377 | 解读华尔街（原书第5版） | 63 | 46567 | 证券混沌操作法 |
| 23 | 30635 | 蜡烛图方法：从入门到精通（珍藏版） | 64 | 47508 | 驾驭交易（原书第2版） |
| 24 | 29194 | 期权投资策略（原书第4版） | 65 | 47906 | 赢得输家的游戏 |
| 25 | 30628 | 通向财务自由之路（珍藏版） | 66 | 48513 | 简易期权 |
| 26 | 32473 | 向最伟大的股票作手学习 | 67 | 48693 | 跨市场交易策略 |
| 27 | 32872 | 向格雷厄姆学思考，向巴菲特学投资 | 68 | 48840 | 股市长线法宝 |
| 28 | 33175 | 艾略特名著集（珍藏版） | 69 | 49259 | 实证技术分析 |
| 29 | 35212 | 技术分析（原书第4版） | 70 | 49716 | 金融怪杰：华尔街的顶级交易员 |
| 30 | 28405 | 彼得·林奇教你理财 | 71 | 49893 | 现代证券分析 |
| 31 | 29374 | 笑傲股市（原书第4版） | 72 | 52433 | 缺口技术分析：让缺口变为股票的盈利 |
| 32 | 30024 | 安东尼·波顿的成功投资 | 73 | 52601 | 技术分析（原书第5版） |
| 33 | 35411 | 日本蜡烛图技术新解 | 74 | 54332 | 择时与选股 |
| 34 | 35651 | 麦克米伦谈期权（珍藏版） | 75 | 54670 | 交易择时技术分析：RSI、波浪理论、斐波纳契预测及复合指标的综合运用（原书第2版） |
| 35 | 35883 | 股市长线法宝（原书第4版）（珍藏版） | 76 | 55569 | 机械式交易系统：原理、构建与实战 |
| 36 | 37812 | 漫步华尔街（原书第10版） | 77 | 55876 | 技术分析与股市盈利预测：技术分析科学之父沙巴克经典教程 |
| 37 | 38436 | 约翰·聂夫的成功投资（珍藏版） | 78 | 57133 | 憨夺型投资者 |
| 38 | 38520 | 经典技术分析（上册） | 79 | 57116 | 高胜算操盘：成功交易员完全教程 |
| 39 | 38519 | 经典技术分析（下册） | 80 | 57535 | 哈利·布朗的永久投资组合：无惧市场波动的不败投资法 |
| 40 | 38433 | 在股市大崩溃前抛出的人：巴鲁克自传（珍藏版） | 81 | 57801 | 华尔街之舞：图解金融市场的周期与趋势 |
| 41 | 38839 | 投资思想史 | | | |

# 定位经典丛书

| 序号 | ISBN | 书名 | 作者 | 定价 |
|---|---|---|---|---|
| 1 | 978-7-111-32640-3 | 定位 | (美)艾·里斯、杰克·特劳特 | 42.00 |
| 2 | 978-7-111-32671-7 | 商战 | (美)艾·里斯、杰克·特劳特 | 42.00 |
| 3 | 978-7-111-32672-4 | 简单的力量 | (美)杰克·特劳特、史蒂夫·里夫金 | 38.00 |
| 4 | 978-7-111-32734-9 | 什么是战略 | (美)杰克·特劳特 | 38.00 |
| 5 | 978-7-111-33607-5 | 显而易见(珍藏版) | (美)杰克·特劳特 | 38.00 |
| 6 | 978-7-111-33975-5 | 重新定位(珍藏版) | (美)杰克·特劳特、史蒂夫·里夫金 | 48.00 |
| 7 | 978-7-111-34814-6 | 与众不同(珍藏版) | (美)杰克·特劳特、史蒂夫·里夫金 | 42.00 |
| 8 | 978-7-111-35142-9 | 特劳特营销十要 | (美)杰克·特劳特 | 38.00 |
| 9 | 978-7-111-35368-3 | 大品牌大问题 | (美)杰克·特劳特 | 42.00 |
| 10 | 978-7-111-35558-8 | 人生定位 | (美)艾·里斯、杰克·特劳特 | 42.00 |
| 11 | 978-7-111-35616-5 | 营销革命 | (美)艾·里斯、杰克·特劳特 | 42.00 |
| 12 | 978-7-111-35676-9 | 2小时品牌素养(第3版) | 邓德隆 | 40.00 |
| 13 | 978-7-111-40455-2 | 视觉锤 | (美)劳拉·里斯 | 49.00 |
| 14 | 978-7-111-43424-5 | 品牌22律 | (美)艾·里斯、劳拉·里斯 | 35.00 |
| 15 | 978-7-111-43434-4 | 董事会里的战争 | (美)艾·里斯、劳拉·里斯 | 35.00 |
| 16 | 978-7-111-43474-0 | 22条商规 | (美)艾·里斯、杰克·特劳特 | 35.00 |
| 17 | 978-7-111-44657-6 | 聚焦 | (美)艾·里斯 | 45.00 |
| 18 | 978-7-111-44364-3 | 品牌的起源 | (美)艾·里斯、劳拉·里斯 | 40.00 |
| 19 | 978-7-111-44189-2 | 互联网商规11条 | (美)艾·里斯、劳拉·里斯 | 35.00 |
| 20 | 978-7-111-43706-2 | 广告的没落 公关的崛起 | (美)艾·里斯、劳拉·里斯 | 35.00 |
| 21 | 978-7-111-45071-9 | 品类战略 | 张云、王刚 | 40.00 |
|  | 978-7-111-51223-3 | 定位：争夺用户心智的战争(20周年精装纪念版) | (美)艾·里斯、杰克·特劳特 | 45.00 |
|  | 978-7-111-53422-8 | 与众不同：极度竞争时代的生存之道(精装版) | (美)杰克·特劳特、史蒂夫·里夫金 | 49.00 |